JN409904

한민족의 얼 아리랑 그리고 사투리

저자 김 동 철

성원인쇄문화사

●●●

책을 내면서

고향은 향기로우며 정겨운 곳

우리는 고향의 때가 묻어있다.

순 우리말이 정겹듯 고향의 사투리가 그렇다.

나는 강릉이 고향이다.

학창시절 사투리가 부끄러워 표준어를 쓰려고 노력하느라

사투리를 잊고 살았다.

그러던 어느날 "아리랑"에 관심을 갖게 되었으며

그때부터 지금까지 사투리를 찾아 모았다.

앞으로 강릉 사투리에 관심을 멈추지 않을 것이지만

특히 강릉 사투리는 순 우리말 뿐만 아니라 이두 향찰 문자의 용례가 많이 남아있어 우리말 연구에 중요한 자료를 간직하고 있다는 것이다.

따라서 강릉사투리에 관심을 갖는 동안 나는 "아리랑"을 찾고자 노력하였다.

아름다운 순 우리말 해와 달, 하늘, 별 그리고 뫼와 들, 가람과 아라가 호기심을 불렀다 "아리랑"은 분명 선조들이 쓰던 순 우리 말이었다.

그렇다면 사투리에 그 흔적이 남아 있다는 생각을 놓지 않았다.

문자이전의 삶이 수렵생활이었다면 분명 강이나 바다가 있는 곳이 생활터전이었다고 보아야한다. 그런데 "아리랑 노래"에는 고향의 향기가 물씬 풍기고 있다. 그렇다면 아리랑은 삶의 터전 이었던 강이나 바다와 관련이 있다고 보아야한다. 따라서 나는 물이 흘러가는 물길의 명칭에서 "아리랑"을 찾기로 하였는데 고랑, 도랑이 바로 물길 이었다. 그런데 강릉사투리에는 물길의 명칭이 아직 남아있었다. 그것은 "거랑"과 "알" 이었다. 더구나 다행스러운 것은 서울시에서 한강을 순 우리말 "아리수"로 부르기로 하였다는 것이다.

"아리랑"은 물이 많이 흘러가는 강줄기 즉 "강"이라고 강력히 주장 한다.

후학들이 이 책을 읽고 "아리랑"의 의미를 바르게 찾아 혼란스런 아리랑 설을 불식시켜 정리해주시기 바란다.

저자 **김 동 철**

목 차

제 1 편 아리랑

제1편 아리랑

❖ "아리랑"이란 무엇일까 ?

1. 머리에서

아리랑하면 소리를 듣거나 글자만 봐도 고향 같고 어머님 품 같은 정겹고 친근한 말이다.

그런데 "아리랑" 이란 말은 각 지역마다 불러 내려오는 "아리랑"노래의 후렴이나 추임새로 쓰여 졌으며 그 노랫말이 지금까지 전해져 내려오고 있다. 따라서 "아리랑"이란 말의 의미를 밝히지 못하고 있는 그 이유는 "아리랑"이 노랫말로 사용된 것 외 다른 것으로 쓰여 진 것을 찾지 못하였기 때문이다. 또한 학자들은 기록이나 문헌을 통해 "아리랑"을 찾으려 하였고 사투리나 순 우리말의 자취나 잔재를 조사하는데 소홀히 하였다.

그러므로 아리랑이라는 아름다운 우리말은 노래를 중심으로 그 의미와 용도를 설명 할 수밖에 없었다. 또한 "아리랑"이란 말의 언어적 근원(어원)도 학자들에 의해 각각의 설이 분분하게 되었다.

하지만 분명한 것이 있다. 그것은 "아리랑"을 고증할 수 있는 말과 그 자취가 현존해 있다는 사실이다 즉 현재 사용하지만 사라지기 직전에 있는 언어 중에 강(가람)을 "거랑"과 "알(아리)"이라 하고 있다. 언어는 지역성과 시대성의 변화에 민감하기 때문에 새로 쓰여 지는 신종어도 있고 슬며시 사라지는 말(언어)도 있다 사라지기 직전에 있는 말이 바로 "아리랑"이다 이를 실증 할 수 있는 언어가 현존해 있다는 사실이다. 그러면 무엇을 우리 조상들은 "아리랑"이라 했을까? 분명히 강조해서 주장 한다면 바로 큰 강을 "아리랑"이라 했다고 할 수 있다.

부언하면 쟁기로 밭을 갈면 골이 생기고 두럭이 생긴다. 즉 "고랑"과"이랑"이 만들어 지는데 비가 오면 "고랑"에 물이 밭가에 물길 "도랑"으로 흘러 들어 간다 "도랑"에 물은 다시 작은 개울 "거랑"으로 흘러가고 "거랑"의 물은 더 큰 내(川) "알(아리)"로 흘러가며 "알(아리)"은 물길이 훤희 트인 넓고 긴 물고랑 "아리수(아리랑)"으로 간다. 이랑, 고랑, 도랑은 지금도 쓰고 있지만 영동지방 옥계 산계리, 울진 온정리 및 경상도 지방의 "거랑"과 경주지방의 알천(북천) 그리고 강릉의 사월(사알)은 60대 이상에 의해 쓰여 지던 말이라서 곧 사라질 위기에 있다. 그리고 간도지방의 송화강을 "아리수"라고 했으며(동아출판사 대한 제국사 20쪽, 1993) “한강”도 옛 이름이 “아리수”였다고 한다. 우리 조상들은 수렵생활 당시 강가를 옮겨 다니며 정착할 때 모든 강을 “아리수”또는“아리랑”이라 불렀다고 확실하게 추정할 수 있다. 또한 제주도에서 제일 큰 강 한천(대천)을 끼고 있는 마을을 “아라동” “아라리”라고 부르고 있다. 이러한 것들을 근간으로 “아리랑”이란 말의 쓰임과 의미를 찾아 내고자한다.

2. 자세히 살펴보면

1). 아리랑은 작자미상의 민요이며 구전으로 지금까지 전해 내려오고 있는 구체화된 명칭이거나 일상용어로 보아야한다. 구전민요의 대부분이 노동요이며 노랫말은 당시 생활상과 관련된 구체화된 명칭이나 일상용어를 사용하고 있다. 따라서 “아리랑”은 추상적인 언어가 아니라고 할 수 있다.

2). 아리랑은 고려가요 “가시리”를 보더라도 구전으로 오래전에 불러졌으며 한글창제 이후에 현재의 가사로 정착된 노래로 추정 된다. 즉 “나를 버리고 가시는 님은 십리도 못가서 발병난다.” 라는 순 한글 가사 때문이다. 그리고 “아리랑”이란 노래 말은 언제 불러졌는지에 대해서는 증명 할 수가 없지만 이두문자 “향찰”의 용례를 살펴보면 그 이전에 순 우리말로 입에서 입으로 노래가 불러졌다고 보아야한다.

3). 노랫말을 살펴보면 “아리랑고개”를 넘어간다. 즉 수렵생활

당시 모든 마을 이름이 아리랑 이였거나 고개의 이름도 아리랑 고개였다고 볼 수 있다. “나를 버리고 가시는 님은 십리도 못가서 발병난다.”에서 보면 수렵생활 당시의 고향 즉 강가의 마을 아리랑을 버리고 떠나는 님이라 볼 수 있으며 가사의 내용이 이를 암시하고 있는 것이다.

4). 정선아리랑의 가사내용을 살펴보면

✶ 비가 올라나/ 눈이 올라나/ 억수장마 질라나 ✶ 아우라지 뱃사공아/ 배 좀 건네주게 ✶간다지 못간다지/ 얼마나 울었나/ 송정 앞 나루터가/ 한강수 되었오 ✶ 내가왔다 간뒤에/ 도랑물 뿔거든/ 내가왔다 간뒤에/ 울고간줄 알아요 ✶ 싫으면 말어라/ 너만이 남자더냐/ 산넘구 물건너면/ 남자 또 있겠지 ✶ 아우라지 강물이/ 소주약주 같다면/ ✶ 강물은 돌고돌아/ 바다로 가지만/ 이내몸 돌고돌아/ 어디로 가나/ ✶ 앞내 물레방아/ 물살안고 도는데/ 우리네 서방님은/날 안고 돌줄 몰라/이처럼 비가오고 강물이 불어나면 뗏목을 나르는 뱃사공이 돌아오고 이들 뱃사공과 노닐던 사랑이야기가 구구절절 쏟아져 나오고 있다. 이곳이 어디냐? 가사의 시작이 “아리랑”이고 추임새에도 온통 “아리랑”이다. 더 이상의 설명이 필요가 없다.

5). 현존해 있는 언어로 살펴보면 강원도 정선의 “아오라지” 에서 “아오”는 아우르다(합쳐지다)의 명사형이며 두 개의 내(川)가 합쳐진다는 의미이고 “라”는 모여 있다는 의미

이며 “지”는 못(池) 이라는 의미이다.
두개의 강물이 합쳐져 이루어진 큰 못(소)이라는 뜻이다. 충북 병천면에 있는“아오내(竝川)”는 두 개의 내(川)가 합쳐지는 곳을 의미하고 있다. 따라서 “아오”는 아우르다 즉 합친다는 말이다. 그리고 “알”은 강(川)이며 “알”또는“아리”라고하며 “아”라고도 한다. “라”는 모여 있다는 의미를 가지고 있으므로 “아라”는 “아”와 “라”의 복합어로 강이 모여 있다는 의미로 “바다”가 틀림없다. 우리나라의 남극 탐험 쇄빙선의 명칭이 “아라호” 이다. 그러므로 강(川)을 우리 선조들은 “알(아 또는아리)”라고 했음이 고증되는 자료이다.

6). 현존해있는 언어로 이랑, 고랑, 도랑은 지금도 통용 되고 있지만 도랑보다 큰 “거랑”은 사라지기 직전의 언어이며 “알”은 강릉사투리에 그 흔적이 있다. 즉 도랑물이 냇물로 간다 를 물이 알(川)루 간다고 한다. 이것은 알(川)과 아래(下)의 두가지 의미를 담고 있다. 하지만 어법상 도랑물이 알루 간다와 흐른다는 그 의미가 달라진다. “흐른다”는 아래(下)라는 의미를 담지만 “간다”는 말은 내(川)로 간다는 의미를 담고 있다 따라서 도랑물이 “알”로 간다는 것은 내(川로 간다는 것이다 즉 “알”은 내(川)라는 말이다. 이에 대한 증거가 강릉에 남아 있다 강릉의 사천(모래내)을 “사월”이라한다 이것은 “사알”을 향찰 “沙月”로 표기했

던 흔적이 남아있는 것이라고 보아야한다. 즉 "사알"은 "모래내"이며 "내(川)"를 "알"이라고 했던 증거이다 또한 경주의 북천(알천)은 고려사 "명주가"에 기록돼 있으며, 영동지방에는 "알"보다 큰 물길(강)이 없어 "아리수"와 "아리랑"이라는 말이 없다. 우리나라의 큰 물길은 서쪽과 남쪽으로 흐르기 때문이다. 따라서 아리랑이라는 노래는 큰 강을 따라서 불려졌다고 보아야한다. 아리수도 현재 각 종 문헌에서 발견되고 있으며 서울시에서도 한강을 "아리수" 라 하였다.

7). 강릉지역 사투리를 조사하다가 "거랑"이라는 말과 "알"이라는 말을 듣게 되었다. 강릉옥계면 산계리와 울진군 온정리에서는 "거랑"이라는 말을 사용하고 있으며 강릉에서는 "알"이라는 말을 쓰고 있으며, 경주 보문에 흐르는 북천을 "알천"이라 하고 제주도에서 제일 큰 강 한천(대천)을 끼고있는 마을을 "아라" "아라리"라 하고 있다.

즉 물이 흘러가는 규모에 따라 명칭이 다름을 알게 되었다. 산계리나 온정리의 앞에 흐르는 "도랑"보다 큰 개울물은 "거랑"이라 부르며 "거랑" 보다 큰 개울 "내(川)"는 강릉에서 "알"이라고 한다. 평창의 "평창강, 도돈강" 정선의 "동강"처럼 큰 강은 "아리수(아리랑)"라 했다고 보아야한다. 왜냐하면 "한강, 송화강" 등을 아리수라 했기 때문이다. 따라서 물길의 크기에 따라 고랑 - 도랑 - 거랑 - 알

(아리,알천,아) - 아리수(아리랑) - 아라(바다)의 순으로 명칭이 붙여진 것이 확실해진다.

8). "랑"이란 여러 가지 의미로 쓰였지만 고랑, 도랑, 거랑, 아리랑에서의 "랑"은 물이 흘러가는 "물길"을 "랑"이라 하고 있다. 즉 큰 물길(강)을 "아리수"라 부르기 이전의 구어체 순 우리말이 "아리랑"이었다고 주장 할 수 있다.

9). 참고문헌으로는 1993년9월 동아출판사 발행 "대조선 제국사" 20쪽을 인용하면 다음과 같다. "우리말 "아리수"를 음역, 의역을 한 한문식 표기인 阿利水, 阿禮江, 列水 등은 모두 긴 강을 의미한다. 또한 압록강, 두만강, 대동강, 한강, 낙동강과 만주의 송화강, 요하, 난하, 등을 향찰,이두문으로 쓴 옛 이름을 찾으면 모두 "아리수"라 하였다. 또한 강변에는 씨족집단이 모여 살았는데 그곳을 "나루"라고 하였으며, 후일 차츰 그 의미가 변하여 "라루-라라-나라"로 발음이 변하면서 "국가"를 뜻하게 되었다."

그렇다면 "라"는 모여서 이루어진 집단이므로 즉 사람들이 모여사는 마을(부락), 도시, 국가를 의미하며 물이 모여 이루어진 바다도 "라"에 해당되는 말이라서 "아라"라고 하였다고 볼 수 있다.

10). 언어의 생성으로 살펴보면 우리 선조들도 처음에는 약속한 암호나 소리로 의사소통을 하다가 점차 발전되어 각종 언어와 문자가 만들어 졌을 것이다 수렵생활 시기에

는 간편한 공통명사로 명칭을 정하여 의사소통을 한 것으로 추측된다. 즉 모든 강은 “아리수(아리랑)”, 바다는 “아라” 크고 작은 내(川)는 “알”, 또는 “거랑”, 작은 물길은 “도랑”, 남쪽의 산은 “남산”, 그리고 비로봉, 된봉, 남쪽의 땅은 “남평”,북쪽은 “북평”, 남쪽 내(川)는 “남천”조금 큰 남쪽 내(川)는 “남대천”,북쪽은 “북천” 또한 여자아이들의 이름을 갓난이, 햇간이, 남자 아이는 돌이, 돌쇠, 여자들은 이름 없이 성씨로 최씨, 김씨, 이씨 등으로 하였다가 결혼하면 친정 마을 이름을 택호(겐금댁, 오봉댁, 병산댁,사월댁 등)로 하여 공통으로 두루 사용한 흔적이 지금도 남아있다. 따라서 한때는 모든 강을 “아리수”, “아리랑”이라는 공통명사를 사용했다고 보아야한다. 지금도 고랑, 도랑, 거랑은 공통으로 쓰고 있다.

11). 물이 흐르는 강에 대한 말이 다양하다 살펴보면 고랑, 도랑, 거랑, 알, 아리, 알천(경주), 아리수, 河(요하, 송하, 황하), 列水, 살수(청천강), 가람, 내, 川, 江, 개울, 개천, 등이 있다. 감히 “아리랑”을 고증할 만한 자료라고 말 할 수 있다

12). 제주도에 한천(대천)변의 마을을 “아라” 또는 “아라리”라고 한다. 제주도에서 가장 큰 강이며 그 강 언덕의 마을 명칭이 현존하고 있다는 것은 다행스럽다. 왜냐하면 이것은 “아리랑”이라는 말이 아직 현존하고 있다는 근원이기 때문이다. 그리고 사람들이 강가에 모여 살고 있는 동네

명을 "아라동", "아라리"라 하고 있다. 첨언하면 마을이나 도시는 예나 지금이나 대부분 강을 따라 형성되었다.

지금도 마을 명칭을 금산리, 산계리, 북동리, 가수리, 삼산리 등 대부분 "리"라고 부르는 것은 우리 선조들이 강가에 살면서 모든강을 "아리수(아리랑)"라 하였듯이 마을 또한 "아라리"라고 했다는 물증이 제주도 한천(대천)에 남아 있는 것이다.

13). 沙川(모래내)을 "沙月"이라 하는데 향찰로 사알을 "沙月" 이라 표기하지 않았겠나 (제보자: 김순정) 하는 이유는 앤뻘을 內月이라 하기 때문이다. 달내(月川) 또한 "알천"을 "月川"이라 하지 않았을까 한다.(제보자: 유제원) 그리고 "월천"이라는 명칭은 영동지방 여러 곳에서 나타나는데 이것은 순우리말 알(아리)을 향찰로 月(월)이라 표기한 것이라고 할 수 있다.

영동지방에는 강(아리수,아리랑)이 없고 크고 작은 개울(거랑)이나 내(알,아리)가 있으므로 "알"이라는 말이 많이 사용되었다고 본다.

따라서 "알"을 "月"로 표기한 것으로 추측되는 지명이 아직도 몇몇 곳에 남아 있으며 "도랑물이 "알"로 간다" 라는 말을 입버릇 처럼고 하였다 나도 어릴 때 물이 알로(강릉사투리: 알루) 간다고 하였다.

14). 고랑의 물은 도랑으로 가며, 도랑의 물은 도랑보다 큰 물

길 거랑으로 가고 거랑보다 큰 물길은 큰거랑이며 큰거랑의 물은 내(川)로 간다. 그리고 내(川) 보다 큰 물길을 가람(江) 또는 閼(아리)이라 하며 이보다 큰 물길을 하(河) 또는 아리수라하고 있다. 여기서 우리는 물이 흘러가는 물길을 대부분 "랑"이라 한 것을 엿볼 수 있다. 그렇다면 우리 선조들은 물이 흐르는 큰 물길을 "아리수" 보다는 "아리랑"이라 하였다고 주장 할 수 있다.

15). 고랑, 이랑, 도랑, 거랑, 아리랑에 공통으로 붙어있는"랑"은 무었일까?

"화랑"또는 "사랑"처럼 불완전명사가 어간이나 낱말의 뒤에 접미사 "랑"이 붙어서 완전명사형이 되었다고 본다. 이러한 예가 색깔을 말할 때 파랑, 노랑, 빨강, 등이 있다. 또한 "랑"은 접미사로서 그 의미가 다양 할 수 있겠지만 "아리랑"의 "랑"은 "알(아리)에 "랑 "을 붙여 장소나 형태를 가르키는 접미사로 쓰인 것 같다.

16). 이상의 것을 종합해보면 "아리랑"을 다음과 같이 정리할 수 있다.

물이 흐르는 물길의 명칭에는 河(요하,황하,송하), 알천, 살수, 열수, 고랑, 도랑, 거랑, 閼(아리), 아리수, 내, 川, 가람, 강, 개울(실개울), 개천(실개천)등이 있으며 고랑, 도랑, 거랑, 閼(아리), 아리수, 라는 명칭은 물이 흐르는 물길의 규모에 따라 붙여진 것임을 알 수 있다 이를 근간으로 주의깊게 살펴보면 “알”은 물(아) 또는 내(川)이며, 물이 흘러가는 큰 거랑을 “아리”라 하며 “아리”에 흐르는 물을 “아리수”라 했으므로 물이 넓게 많이 흐르는 강(江)을 모두 “아리수” 라 했다는 것이 증명 되고 있으며 이를 “아리랑”이라 하지 않았겠느냐 하는 것이다.

즉 “아리랑”은 물길 중에 규모가 큰 물길의 명칭이다.

그리고 모든 강을 “아리수”라고 하다가 차츰 강의 명칭이 여러 형태로 나타나는데 살펴보면 요하, 황하, 송하, 등 강을 한때 “河”라고 했으며 경기도 河南(강의 남쪽)이 그렇다. 강릉에도 沙川의 남쪽마을 “河南”이 그렇다. 그런데 강릉의 “河南”은 사투리 발음 현상 때문에 “河濫(하람)”으로 부르고 있다. 한강을 “아리수”라 하는데 이것은 모든 강을 “아리수”라는 통칭으로 불려질 때의 명칭일 것이다. 또한 아리수는 “아리”에 흐르는 물이라는 의미로 볼 수도 있다. 즉 강물이라는 말이다. “江”을 “아리수” “河” “열수” “살수”라고 했었는데 그 이전에는 “큰 강”을 순 우리말로 “아리수”또는 “아리랑”이라 했다는 증거 자료이며 이들 언어 사용 흔적은 현재도 남아있다.

그러므로 “아리랑”을 江이라고 강력히 주장한다.

이유는 지극히 간단하다. “아리랑”은 우리가 지금도 사용하고 있는 언어인데 순 우리말이 한자로 바뀌는 과정에서 잃어버린 말이다. 현재 쓰고 있는 언어 가운데 지금까지 "아리랑"에 대한 말의 근원이 살아있다는 것이 매우 다행스럽다. 즉 물이 흘러가는 물길을 살펴보면 "고랑-도랑-거랑(마을 앞 실개천, 개울) -閼(강보다 작은 내)"-아리수(한강)는 지금도 쓰고 있다, 이를 통해 "아리(閼)-아리랑(큰강)-아라(바다)"를 깊이 있게 살펴보아야 한다 즉 "알"은 "아리"의 준말이며 "아리"는 그 규모가 작은 강이라 할 수 있으며 "아리"보다 큰강을 "아리수" 또는 "아리랑"이라 했다고 할 수 있다 한때는 큰 강을 모두 "아리수"라 하였다는 문헌의 자료가 있으며 "한강"도 "아리수"라 하였다 우리는 이 사실을 외면 할 수 없다. 그리고 "물"을 "(閼)아리"라고 했다는 주장도 있지만 "아리"는 "강" 또는 "강물" 이라고 보는 게 합당할 것이며 "아리수"보다 먼저 사용하던 말이 "아리랑"이였다고 추측하는 이유는 "강"에 대한 우리말의 변천을 찾아보면 (아리랑-아리수-살수-청천강) 그리고 (아리랑-아리수-송하-송하강)등을 예로 들 수 있기 때문이다. 수렵생활 당시 "아리랑"은 우리 조상들의 삶의 터전이며 고향 이었다 "아리랑" 노래 가락에는 당시 고향(아리랑)에 대한 삶의 그리움과 애환이 넘쳐흐르고 있기 때문이다.

17). 강릉김씨 시조 탄생 설화에는 무월랑의 아들 주원공이 경주 북쪽에 있는 "알천"에 물이 넘쳐 화백회의에 갈수 없어 왕위를 계승하지 못했다라고 기록하고 있다(삼국유

사,강릉김씨 대동보)

당시 "알천"이란 내(川)를 말하고 있으며, 지금은 "북천"이라 부르고 있다. 강릉의 "알"은 남대천이라 부르며 강릉의 모래내 사월(사알)은

沙川 이라 부르며 북강릉의 상알천은 상월천, 하알천은 하월천으로 부르고 있다. 그리고 삼척시 원덕면에도 월천이 있는데 이 또한 "알"이라고 보아야겠다. 이처럼 동해안에는 백두대간에서 흐르는 물줄기가 짧아서 대부분이 내(川) 즉 "알"이다.

3. 맺으면서

1). "아리랑"을 문헌과 현존하고 있는 관련 어휘를 조사하여 분석한 결과 대부분의 큰 "강"을 "아리수"라 하였으며, 이랑, 고랑, 도랑, 거랑, 아리(閼), 아리랑의 순서로 보아 "강"을 "아리랑" 이라고 주장할 수 있다 따라서 문헌연구보다 언어 활용사례 중심의 조사연구가 활발하게 이루어져야겠다.

2). 우리나라 3대 아리랑 (정선 아리랑(동강), 진도 아리랑(형산강), 밀양아리랑(낙동강) 모두가 큰 강을 따라 전해 오고 있다는 것이다. 그렇다면 왜 "아리랑"은 우리나라의 큰 강을 따라 전해왔으며 모두가 "아리랑"이라는 똑같은 말

로 노래했을까 그것은 수렵생활 당시 삶의 터전이 강이었으며 모든 강의 명칭이 “아리랑”이었고 그곳이 고향이었기 때문이다. 그런데 왜 “아리랑”이라는 말은 노래의 추임새 또는 후렴으로 활용되어 지금까지 전해지고 있을까 그것은 노래의 추임새나 후렴이 흥을 돋우는 역할이므로 다른 어휘를 활용 할 수도 있지만 수렵생활 당시“아리랑(강)”이 주된 생활무대이며 주된 언어이므로 모든 일상생활에 “아리랑”이 흡수되어 여러 분야에 널리 활용된 언어의 용례로 보아야 할 것이다.

하지만 영동지방에는 “강”이 없어 “아리랑”에 관련된 노래가 없다.

3). 향찰,이두문 방식으로 표기한다면 선조들이 쓰던 구어(순우리말)가 “향찰,이두” 문자에서 한자로 한자에서 훈민정음(한글)으로 표기되는 과정을 거치면서 우리는 아름다운 순 우리말을 잃어 버렸다.

阿利浪 阿利浪 阿羅里了(아리랑 아리랑 아라리요)

阿利浪 峴乙 踰於干多 (아리랑 고개를 넘어간다) 와 같이 문자표기를 할 수도 있다.

따라서 고려가요 “가시리”를 보면 한글창제 이전에 우리말은 현재 사용하는 순 우리말이 사용되고 있었다고 볼 수 있다. 그리고 “처용가”를 통해 한자의 “훈과음”을 빌어 우리말에 맞추어 쓰던 향찰, 이두 문자의 용례를 볼 수 있다. 따라서 "아리랑"은 문자이전 구어로 소통할 때 쓰여졌던 순 우리말로 추정 되며 또한 문자 없이 사용하던 순 우리말이 문자를 빌어 쓰거나 문자로 변환 될 때 사라진 것으로 추측된다.

즉 순 우리말을 문자로 표현하기 위해 한자의 "음"과 "훈"을 빌려 쓰던 "향찰"은 사용하는 사람마다 지역마다 우리말의 의미와 글자가 서로 달라 상호 의사소통에 많은 문제가 있었다고 보아야한다. 이와 같은 문제를 해결하기위해 훈민정음은 순 우리말의 소리를 규정하고 "훈"의 소리도 통일하여 상호 의사소통에 문제가 없도록 하였다. 우리말은 "향찰"을 문자로 쓸 때부터 순 우리말과 한자가 혼용되었다. 따라서 향찰식 "음"의 활용은 지금도 우리말과 함께 한자의 "음"을 그대로 사용 하고 있으며 한자로 된 낱말을 많이 쓰게 되었다. 이로 인하여 순 우리말은 한자와 병행함으로써 표현 할 수 있는 어휘가 광범위하고 다양해졌다.

그러므로 환단고기에서 주장하는 "가림토"라는 우리 글자를 찾아 연구하고 재조명할 필요가 있다 이유는 훈민정음 해례 정인지 서에 "자방고전"이라 했다 이것은 우리조상들이 사용하던 순 우리말이 있었다는 증거이다. 즉 "가림토"를 쓰던 시대에 "아리랑"이라는 말을 사용했 다고 보아야한다.

4). "아리랑"의 의미를 밝힐 수 있는 말이 현재 쓰여 지고 있

는지 찾아보면 강릉, 옥계, 삼척, 울진, 경주에서 "거랑과 알(아리)"은 현재도 쓰여지고 있다는 사실이다 즉"이랑-고랑-도랑-거랑-閼(아리)-아리수(아리랑)의 순으로 물길의 명칭을 단계적으로 명명하고 있다 따라서 "아리랑"은 "강"이라고 할 수 있다.

이처럼 강릉사투리를 통해 물이 흐르는 물길의 명칭을 단계적으로 정리하게 되었다.

고랑(골짜기,밭고랑)-도랑(밭도랑,논도랑)-거랑(실개천)-알(아리, 내,가람)-아리랑(아리수, 물길의 단계적인 명칭으로 볼 때 넓고 긴 강이라고 보아야한다) 그 이유는 한강, 송화강 등 큰 강의 옛 이름이 모두 "아리수"였다는 것이 이미 밝혀졌기 때문이다.

5). "아리랑"에 대한 각설은 분분하다 이것은 "아리랑"의 어원을 찾는데 그 목적을 두고 문헌을 통해 연구해온 연구방향에 문제가 있는 것이 아닌가 싶다 현재 실존하거나 사용 되는 언어를 조사하는 조사연구를 통해 "아리랑"이라는 말(순우리말)을 찾아야 하며 문헌을 통해 어원을 찾는 것은 별도의 연구 분야로 언어학자들이 계속 연구해야 할 과제이다.

6). 아리랑은 우리조상들이 수렵생활을 할 때 모든 "강"을 "아리랑"이라는 공통명사를 사용했으며 "강(아리랑)"은 우리선조의 삶의 터전이었으며 고향이었다고 할 수 있다.

따라서 힘들고 괴로울 때나 고향이 그리울 때 부르던 노래가 "아리랑"이 아니었을까 한다 즉 "아리랑"은 한국인의 "혼"이 담겨진 말이다 "아리랑의 혼" 속에는 고향, 어머니, 삶, 사투리가 숨어있다.

7). "아리랑"은 정말 아름다운 순 우리말이다. 강릉 사투리를 수집 조사하면서 "아리랑"이라는 말에 관심을 갖고 관련 자료를 찾게 되었다. "아리랑"은 선조들이 쓰던 순 우리말이며 분명 그 자취가 현존하는 말 속에 남아있었다. 본인은 "거랑"이라는 말과 "알"이라 말을 접하면서 너무 놀랐다 이제 우리선조들의 주된 생활무대 "아리랑"의 의미를 분명히 밝히고자 한다. 지금 밝혀 놓지 않으면 영원히 "아리랑"을 밝힐 수 없을 것 같아 지금까지 찾아놓은 자료를 정리하여 남기고자한다. 이를 통해 후학들이 심도 있게 연구하길 바란다.

❖ 제보자

1. “알”(도랑물이 알로 간다)의 제보자

김동철: 강릉시 옥천동 중기안길 (저자 본인)

이정인: 강릉시 성산면 보광리

2. “거랑”(개울)의 제보자

김금수: 경북 울진군 온정면 평전리

우연정: 강릉시 옥계면 산계리

3. “사월”의 제보자

김순정: 강릉시 사천면 석교리

이훈섭: 강릉시 사천면 덕실리

4. “월천”(달래),상월천,하월천의 제보자

유제원: 경포대초교 전직교장

5. “하람”의 제보자

권혁길: 강릉시 안현동 전직교장

6. "아라동"의 제보자 (아라1동 문화해설사)

❍ 냇가에 있는 마루(둔치)를 "걸머리"라고 하는데
향찰로 걸마로(乬馬路)로 표기했다.
한천 냇가 언덕마루를 "걸머리"또는 "아라리"라고
했다는 것이다 즉 냇가에 있는 마을이 "아라리"이다.
후일 행정구역 개편으로 "아라동: 이라 했다고 한다.

❖ 아리랑 설에 대한 해프닝

"아리랑"을 문헌에서만 찾으려 애를 썼던 갖가지 설

1). 아랑설(阿娘說): 옛날 밀양 사또의 딸 아랑이 통인(通引)의 요구에 항거하다 억울한 죽음을 당한 일을 애도한 데서 비롯하였다는 설.

2). 알영설(閼英說): 신라의 시조 박혁거세(朴赫居世)의 비 알영을 찬미하여 알영 알영'하고 노래부른 것이 '아리랑 아리랑'으로 변하였다는 설.

3). 아이롱설(我耳聾說): 흥선 대원군이 경복궁을 중수할 때 백성들이 원납금(願納金) 성화에 못견뎌 "단원아이롱 불문원납성(但願我耳聾 不聞願納聲): 원하노니 내 귀나 어두워져라, 원납소리 듣기도 싫구나" 하고 부른 아이롱(我

耳聾)'이 '아리랑'으로 와전되었다는 설.

4). 아리랑설(我離娘說): 역시 흥선 대원군 시절 경복궁 공사에 부역 온 인부들이 부모와 처자가 있는 고향 생각을 하며 '아리랑(我離娘)'을 노래한 것이 발단이었다는 설.

5). 이밖에도 다른 발생설이 전하나 오히려 구음(口音)시대에 사물에 대한 자연발생적 표현이 지금까지 유래되었다는 설을 옳다고 보아야한다. 따라서 "아리랑" 이라는 말은 노래 가사의 추임새로 활용되었으며 문자활용 이전의 口音時代에 "강"을 "아리랑"이라 했다는 것을 가장 근접한 정설이라 보고 저자는 "강"에 대한 순 우리말을 찾아서 정리한 것이다.

❖ 우리나라 3대 아리랑

1. 정선아리랑

정선아리랑의 유래는 고려가 망하자 송도 두문동에서 충절을 다짐하던 선비 72명중 정선으로 유배온 전오륜(형조판서)외 7명의 선비들이 망국의 한과 고향의 그리운 심정을 한시에 담아 율창으로 부르던 것을 마을 사람들에 의해 구전되면서 서민들의 농요로 변한 것 이라한다.

정선 아리랑은 남한강 상류(여량의 아오라지, 영월의 동강)를 중심으로 불려지던 농요로써 선창(소리꾼의 선 소리)과 후렴(추임새-아리랑 아리랑 아라리요)가 한소절로 구성된 농요이다 이 노래는 남한강이라는 큰 강줄기(아리랑)가 있었기에 정선아리랑이 탄생되었다고 볼 수 있다. 선창은 소리꾼이 부르지만 서로 돌아가면서 돌림노래 방식으로도 부른다. 따라서 선창 가사는 일정한 것이 아니라 소리꾼이 시시 때때 창작하므로 무궁무진하다 그리고 가사의 내용을 보면 뗏목을 운반하는 뱃사공의 사랑이야기를 흘러가는 ★강물(아리랑)에 빗대어 노래하고 있음을 짐작할 수 있다.

(후렴)

아리랑 아리랑 아라리요

1. 눈이 올라나 비가 올라나 억수장마 질라나
   만수산 먹구름이 막 몰려오네

2. 아오라지 뱃사공아 배 좀 건너주게
   싸리골 올동박이 다 떨어지네

3. 남산의 청송아리 변하면 변했지
   우리 둘 정이야 변할리 있나

4. 앞산의 살구꽃 필락말락 하는데
   우리 둘 정분은 들락말락 하누나

5. 무릉도원 삼산에 도화는 피었는데
   짝 잃은 외기러기 갈 곳이 없구나

6. 당신이 내 생각을 나만치 한다면
   가시밭길 수천리를 맨발로 오리다

7. 간다고 못 간다고 얼마나 울었으면
   아오라지 갱변에 홍수가 났네

8. 저건너 묵밭이 작년에도 묵더니
   올해도 날과같이 또 한해 묵고있네

9. 앞산에 딱따구리는 생나무 구멍도 뚫는데
우리네 멍텅구리는 뚫린 구멍도 못 뚫나

10. 싹다리 꺽어서 군불지피며
중방 밑이 다 타도록 님 사랑하세

11. 강물은 돌고 돌아 바다로 가지만
이내몸 돌고 돌아 어디로 가나

12. 금전이 중하거든 밭으로 가고
사랑이 중하거든 날 따라 오게

13. 나비 없는 강산에 꽃은피어 무엇하고
당신 없는 요세상 단장하면 무엇하나

14. 앞내 물레방아 물살안고 도는데
우리네 서방님은 날 안고 돌줄 몰라

2. 진도아리랑

섬진강을 중심으로 남도 사람들이 부르던 노동요로 19세기 말에서 20세기 초에 제작된 노래로 전해지고 있다 사설은 진도의 총각과 경상도 처녀의 사랑과 이별을 내용으로 하고 있다. 특이한 것은 부인네들의 야성을 거침없이 노출시키고 있다.

가창방식은 선창과 후창으로 여럿이 일을 하면서 선창(매김소리)은 한 사람씩 돌아가며 하고 후창(맞음 소리)은 모두가 함께 한다.

선창은 정해진 것이 아니라 무한정 창작되어 불려지고 있다.

후창에 나오는 노랫말 ★"스리스리랑"은 19세기에 만들어진 신종어로 밀양아리랑에서 파급된 흥을 돋우는 추임새로 보아야 한다. 따라서 "아리랑"은 민족 고유의 순우리말이지만 "스리랑"은 의미 없는 ★신종어(추임새)이다.

<메김소리>

아리아리랑 스리스리랑 아라리가났네

아리랑 응응응 아라리가났네

1. 문경소재는 왠 고갠가
구부야 구부구부가 눈물이 난다.

2. 쑤쑤쌀 댁기는 줄 뻔하니 암시로
맬갑시 댁기냐고 말붙힘 하네

3. 이아래 강물이 내 술이라면
팔도야 잡놈이 모두 내 친구로고나.

4. 울넘에 담넘에 님 숨겨놓고
호박잎만 노을노을 날 속이네.

5. 단장을 넘을때는 먼맘을 먹고
문꼬리 잡고는 아발발 떤다.

6. 울넘에 담넘에 망보는 잡놈
마음만 있으면 날 따라 오너라.

7. 저건너 저가시나 앞가슴좀 보아라
넝쿨없는 호박이 두통이나 열렸네.

8. 저건너 저머시마 눈매를 봐라
아니본 듯 아니본 듯 꼭 나만보네.

9. 님이 날만치 사랑을 한다면
가시밭 천리라도 맨발로 가노라.

10. 일년초 고랑까시 낙사릇 만 듯
어린 가장 품에안고 잠잔 듯 만 듯.

11. 나락이개 보릿이개는 농부가 끊고
이삼사월 진달래는 한량이 끊내.

12. 맹감은 고와도 가시넘풀에 놀고
유자는 얽어도 한량손에서 논다.

13. 바람이 불어서 옆걸음 쳤냐
새 크네기 너를 볼라고 옆걸음 쳤제.

14. 세월이 흐르기는 시냇물 같고
인생이 늙기는 바람결 같네.

15. 니가잘라 내가잘라 거누가잘라
은당수 곡간에 금전이 잘다.

16. 허리통 늘어지고 가느쪽한 크넥아
좁은길로 살짝 나만찾아 오너라.

17. 석달 열흘 가뭄 들어도
큰애기 궁둥이는 생수가 난다.

18. 산천에 동백나무는 별만보면 반짝
우리집 저 잡것은 나만보면 빵긋.

19. 가는님 허리를 아드득 잡고
하룻밤만 자고 가라 사정을 하네.

20. 말은 가자고 네굽을 치는데
정든님 날잡고 몸부림 치네.

21. 오다가 가다가 만나는 님아
손목이 끊어져도 못놓겠구나

22. 연자색 물색은 나날이 변해도
너와나의 먹은마음 변치를 말자.

23. 씨엄씨 모르게 고추장 먹고
뒷단장 넘어서 대운동 한다.

24. 빵가오비게 빵가오이불 둘이덮고 잠자도
얼마나 정이 들어 빵가옷이 남았네.

25. 임이 얼마나 임다움사
한비게 둘이비고 등돌라 눌까.

26. 저건너 저머스마 뒷꼼말 보아라
가마타고 장가가기 영 틀렸네.

27. 저건너 저가시나 속곳밑 보아라
대목장 볼라고 홍당목 젓네.

28. 서산에 지는해는 지고싶어 지느냐
날 버리고 가는님 가고싶어 가느냐

29. 정든님 오시는데 인사를 못해
행주치마 입에물고 입만 뻥긋.

30. 떠다 논 냉수도 변할 수가 있는데
여자의 이내마음 아니 변할쏘냐.

31. 날다려 갈때는 사정도 많드니
날다려다 놓고는 잔말도 많해.

32. 오라랑 내리랑 간기침 소리는
정 많이 들었어도 못내다 보겠네.

33. 씨엄씨 잡년아 잠 깊이 들어라
느그아들 렵렵함사 내가 밤을 지새운다

3. 밀양아리랑

낙동강을 중심으로 영남 사람들이 부르던 노래로 1930년대에 제작된 노래로 전해지고 있다 이 노래에서 후렴에 ✶"스리스리랑"은 "아리랑"과 함께 어우러져 흥을 돋우기 위해 당시 새로 창작된 신종이다. 따라서 "아리랑"은 민족의 얼이 담긴 순우리말이지만 "스리랑"은 흥을 돋우는 의미 없는 추임새이다 밀양아리랑도 선창 가사는 정해진 것이 없이 소리꾼들에 의해 무한정 창작되는 노래이다.

날좀보소 날좀보소 날~좀보소
동지 섣달 꽃본듯이 날좀보소
(후렴)
아리아리랑 스리스리랑 아라리가 났네
아리랑 고~개로 날 넘겨주소

정든님이 오시는데 인사를 못해
행주치마 입에 물고 입만 벙긋
(후렴)
아리 아리랑 스리스리랑 아라리가 났네
아리랑 고개로 날~넘겨주소

다틀렸네 다틀렸네 다~틀렸네
가마타고 시집가긴 다틀렸네
(후렴)
아리아리랑 스리스리랑 아라~리가 났네
아리랑 고~개~로 날 넘겨주소

다틀렸네 다틀렸네 다~틀렸네
당나귀타고 장가가기 다틀렸네
(후렴)
아리아리랑 스리스리랑 아라~리가 났네
아리랑 고~개로 날 넘겨주소

4. 경기아리랑

우리민족의 얼이 담긴 노래이다.

언제 어떻게 불러지게 된 것인지 알 수가 없고 “아리랑”의 의미조차 잊어버렸다. 하지만 우리선조들이 쓰던 말이 분명하다. 이 말의 흔적은 분명 남아있다 현재 사용되는 지명이거나 사투리에서 찾아 볼 필요가 있다.

아리랑 아리랑 아라리요.
아리랑 고개를 넘어 간다
나를 버리고 가시는 님은
십리도 못가서 발병난다

* 경기아리랑의 개사곡

아리랑 춘자가 보리쌀을 씻다가
이도령 피리소리에 오줌을 쌌네
오줌을 싸도 짧게나 쌌나
낙동강 칠십리에 홍수가 났네

❖ 물길에 대한 순 우리말 명칭 사진으로 보기

1. 산 골짜기에 흐르는 물길 (산고랑)

성산면 무일 산골짜기 산고랑

성산면 보광리 절골 산골짜기 산고랑

2. 밭이랑 사이의 물길 (밭고랑)

배추밭 밭고랑

3. 밭가나 논가를 흐르는 물길 (도랑)

밭도랑

도랑가집 앞도랑

논도랑

4. 마을 앞으로 흐르는 개울 (거랑)

옥계 산계거랑

성산 보광거랑

5. 마을 앞으로 흐르는 큰 개울 (큰 거랑)

울진군 평해읍 온정면 평전리 큰거랑

6. 장터가 있는 큰 마을로 흐르는 내(川)와 (알)

★ 강릉 알천 – 강릉 남쪽에 있어 현재 "남 대천" 이라 함

★ 경주 알천 – 강릉김씨 시조 김주원 공의 아버지 무월랑과 박연화 아씨의 사랑이야기가 담긴 "명주가" 에 기록된 지명 (북천)

7. 향찰식 표기로 불리워진 "알(月)"의 지명

★ 현남면 상월천(상알–상월천으로), 하월천(하알–하월천으로)

✶사천면 모래내 (사알–사월) 현재는 사천(모래내)라고함

✶ 경주 알천–경주 북쪽에 있어 현재는 "북천" 이라 함
(동해안에는 내(천)의 명칭을 "월천" 이라 부르는 곳이 많다.
삼척시 호산에 흐르는 내(川)도 월천이다)

✶ 삼척시 호산월천

8. 내(알)가 둘 이상 합쳐 흐르면 大河(큰강)가 되고 알(川)이 두 개이상 합치면 큰강(아리수)이라 하였다.

우리선조들은 순 우리말(구어)로 큰강을 아리수 또는 아리랑이라 했다는 물증들이 곳곳에 남아있다.

★ 아리수 (한강)

★ 정선군의 아오라지

★ 충북 병천면의 아오내

★ 양평의 두물머리

★ 제주 아라동 아라리의 한천(대천)

❖ 아리랑 시

아리랑의 혼

김동철

백두대간 골골이
물 따라 가는 길

고랑. 도랑. 거랑 따라
님이 가신 길
아리아리 알아리
알로 가신 길
아리나루 정든 님과
이별하던 길

환단의* 혼이
아리랑 돌 장광에
머물고 있다

* 물이 흐르는 물길:(고랑-도랑-거랑-아리(알)-아리랑-아라)
수렵생활 하던 우리조상의 생활터전(고향)이 "아리랑(강)"이며
한민족의 역사 와 문화정신이다

봄비

김동철

당신은
이랑 고랑 스며들어
싹을 틔우고

동구 밖 거랑 따라
생을 줍다가

아리의 여울물이
달빛에 너울지면

아리수에 안기어
님을 찾는다

아리랑 별곡

김동철

간다 간다
님이 간다
아리랑에
님이 간다

사랑 사랑
내 사랑이
아리랑을
떠나 간다

간다 간다
아리랑에
님이간다
내사랑이

조약돌

김동철

님이 스치고 간

아리랑에

만남,

이별,

사랑이

머물고 있다

아리수*

김동철

아라를 향한 꿈이
가슴에 자리한
그대는

성황신께 기도하며
대관령 아흔아홉 이야기를
괴나리봇짐에 지고
아리아리 돌고돌다
벼랑을 만나면
천 길 낭떠러지로
추수르기 힘들게 쳐박힌다
팔다리가 찢기어도
아라를 향한 그대의 용솟음은
바위틈을 비집고 물거품을 토해내며
두물머리를 찾는다

먼 길 돌아 온
그대가
아라를 찾았을 땐
해당화가 붉게 물들어 있겠지

* 강물(한강)

사랑가

김동철

간다간다 뗏목간다
아리랑에 뗏목간다
사랑사랑 내사랑이
아리랑을 떠나간다

온다온다 둥근달님
동산위로 얼굴밀고
사랑사랑 내사랑이
아리랑에 돌아온다

달님별님 반짝반짝
소곤소곤 속삭인다
사랑사랑 내사랑이
아리랑에 속삭인다

아리아리 아라리요
알- 아리 아라리요
도랑거랑 아라리요
아리랑에 노다가세

아리랑에 포락났네

김동철

포락났네 포락났어
아리랑에 포락났네
안반데기 도랑물이
배나들이 내달으네

배나들이 거랑물이
구구절절 몰려들어
구절리에 포락났네
아리랑에 포락났네

포락났네 포락났어
아리랑에 포락났네
배나드리 뱃사공아
아오라지 달려가세

사투리

김동철

고향 소리가
귓전을 두드리면

그리움은
걸음을 멈추고

고향이
내게 달려와

아리랑 아리랑
노래를 부른다

작별

김동철

봄바람은

밭고랑 사이로
보리이삭 일렁이며
재를 넘고

지난밤 내린 비는

도랑을 따라
마을 앞 거랑으로
길을 찾고

아리 나루엔

아리수가
그리움 뒤로 한 채
떠나고 있다

아라로 가는 길

김동철

산고랑 밭고랑
고랑을 지나

밭도랑 논도랑
도랑을 따라

이 마을 저 마을
거랑을 거쳐

알아리 알을 따라
아라로 간다

수석

김동철

당신은
나더러
침묵하라며

당신은
나더러
기다리라며

당신은
생의 비바람에 거칠어진
나를 보고

시간을 짊어지고
물처럼 살라한다

❖ 민족의 노래 아리랑 악보

아 리 랑
중모리/세마치
경기민요
G Em Bm C D
아 -리랑- 아 -리랑- 아라--리- 요 ----
G Em C G
아 -리랑- 고-개-로- 넘 -어간 다 -
Bm Em A7 D
나 를 버 리 고 가 시 는 님 - 은 ----
G Em C Cm G
십 -리도- 못-가-서- 발 -병난 다 -
다 장조 C major
C Am Em F G
C Am F C
Em Am D7 G
C Am F Fm C

제 2 편

강릉사투리

(강릉방언의 특징)

제2편 강릉사투리

❖ 강릉방언의 특징

1. 말투가 투박하면서 느리다 (강릉지방 특유의 대화체를 가지고 있다)따라서 강릉사투리는 낱말보다는 문장(구절)으로 엮어나가는 대화체에 그 특징이 있다 모든 지방 사투리가 대부분 그러하다.
2. 억양이 강하지 않으며 순박한 특유의 뉘앙스가 있다.
3. 똑같은 낱말인데 억양과 장단에 따라 전혀 다른 뜻을 가진 말들이 있다.
   (댕-기다: 다니다, 댕기다: 당기다 빼죽하게: 뾰족하게, 빼죽-하게: 별나게 복-상씨: 복숭아 씨 , 복상씨: 복사 뼈 등)
4. 어머ㅇ이,하르버ㅇ이,그랭가,했능가,했아,왔아,어서오시우야 등 어른에게 친근감 나는 어투가 특색이다 하대어 같지만 아주 가까운 집안 어른에게 사용되는 말이다.

(어미에 "ᆼ이"또는 "ㅏ" "ㅗ" "ㅜ"가 오는 말이 많이 있다)

그리고 그랬잖소(그랬어요), 했잖소(했어요)와 같은 존칭어는 듣는 사람으로 하여금 오해의 요지가 있지만 이 지역에서는 친근감이 있는 반 존칭의 말투다 그리고 해라체어미와 하게 체어미가 많이 쓰인다.

5. 의성어(와롱기, 쌕새기, 등) 의태어(구루마, 찌다마하다, 빗돌베기, 송장헴, 등)를 자유롭게 구사하고 있다
6. 중성모음의 변용(음운동화 현상)이 자유로우며 소리나는 대로 편하게 쓰고 있다..

이러한 현상은 강릉지방에 아직도 한자의 음과 훈을 빌어 쓰던 향찰과 이두의 닮은 소리 빌어쓰기 현상 즉 순 우리말을 비슷한 소리의 한자음을 빌어쓰던 습관이 상당부분 남아 있기 때문인 것 같다.

- ㅓ,ㅜ,ㅕ,ㅣ, 를 "ㅔ, ᅦᆼ이"로 소리 낸다 (먹이-멩이, 여럿이-여레이) (혓바닥-셋바닥),(기어나오다-게나오다, 궁둥이-궁데ㅇ이, 구덩이-구데ㅇ이)
- ㅗ를 ㅜ또는 ㅚ로 소리낸다 (별로-벨루, 소-쇠, 만지고-맨지구)
- ㅣ가 ㅐ로 (아무리해도-아무래두)
- ㅔ,가 ㅣ, 로 (홍게, 대게, "게"를 "기"라고 한다)
- ㅏ,ㅕ, 가 ㅐ, ㅜ,로 (가렵다-개룹다, 만지고-맨지구)
- ㅜ가 ㅣ,ㅗ,ㅓ로 (국수-국시, 마루-마롱)
- ㅏ가 ㅣ로 (창자 - 창지)

❍ 이밖에도 ㅏ 가 ㅜ, ㅓ로. ㅓ가 ㅜ,ㅡ로 등 중성모음의 다양한 변용 사례가 많으며 이런 현상들이 강릉사투리의 주된 특색이기도하다.

❍ 된 발음을 (산삐알, 문찌방, 소껭이, 등) 쓰는 경우가 종종 있다.

7. 종성(어미)에 “ㆁ이” 나 “ㅖ이”를 자주 쓰고 있다.
8. 옛이응“ㅇ”음의 연철현상(울림현상)의 조음 사례가 특이하다. (어머ㅇ이, 할머ㅇ이, 하르버ㅇ이, 모게ㅇ이, 소께ㅇ이, 그래ㅇ가, 세사ㅇ아두, 매ㅇ해서,등)
9. 종성 탈락현상(놀아요-노우야, 갑니까-가우야)등 종성을 버리고 부드러운 억양으로 자유롭고 편안한 대화체를 구사하는 경우가 많다.
10. 파생어(뜨시다-뜨세-뜨수다-뜨세서-뜨세지다-뜨신물-뜨구와)가 많다.
11. 구개음화 현상 즉 (ㄱ,ㅋ,ㄷ,ㅌ)이 “ㅣ”를 만나 (ㅈ,ㅊ)으로 소리나는 현상이 있다 (키-치, 김-짐, 맏이-마지, 곧이듣다-고지듣다, 밭이-바치, 묻히다-무치다 등)
12. 피동사 (만지키다, 바꾸키다, 장구키다, 등)와 사역동사 (누키다, 인나쿠다, 발쿠다, 늘구다, 간질구다, 알구다, 등)를 많이 사용하고 있다.
13. 음운축약 현상 (갈게—가을에, 내레-내일에, 뒌-뒤안, 보재-보자기, 어자침에-어제아침에, 원주는-원준)이 많이 나타나

고 있다.

14. 이밖에도 여러 가지 특이한 조음 사례가 많다 특히 옛 이응(ㅇ)의 연철 현상(울림현상)은 종종 나타나는데 이것은 문자로 설명하기 보다는 음성 녹음으로 해결해야 할 문제다. 따라서 상기한 모든 사례를 모두 정리하려면 강릉 사투리가 너무 많아 본고는 보존 차원에서 특징 있는 강릉사투리 중심으로 편집하였다. 그리고 옛이응 연철현상은 정확하지는 않지만 최대한 비슷한 소리를 낼 수 있는 문자로 표기해보았다.

15. 중성모음과 종성을 제멋대로 변형하거나 탈락시켜 전혀 엉뚱한 사투리(했드래요. 그랬드래요. 등)를 만들어 내는 사례가 종종 나타나고 있다 이것은 강릉 사투리가 아니다 이를 방지함은 물론 보존차원에서 문화원은 녹음자료를 만들어 보존해야한다 아직은 강릉사투리가 보존되어 있는 곳이 많이 있다.

16. 특기할 사항은 속어나 육담은 강릉사투리가 아님을 분명히 알아야한다.

    또한 잔존하고 있는 일본어(이까(오징어), 변또, 빤쓰, 우와끼, 쓰봉, 오자미(콩주머니), 사까닥질(물구나무), 간따꾸, 등)를 사투리로 잘못 알고쓰는 경우도 많다. 강릉사투리를 함부로 만들어 쓰거나 훼손하지 말아야하며 잘 보존하고 가꾸어야한다.

17. 강릉사투리에는 삼국시대의 언어 "향찰,이두" 한자의 "훈(뜻)"

으로 이루어진 말이 상당수 보존되어 있다. 계속 연구되어야 하며 또한 우리말의 상당수가 한자의 음을 빌어 쓰고 있어 한자(천자문)를 알면 낱말의 뜻(훈)을 쉽게 이해 할 수 있다.

18. 강릉 사투리에는

없어진 ㅿ, ㆁ, ㆆ, 의 소리가 아직 남아 있다.

반치음(ㅿ)은 초성독용 (초성에만 사용) 자음으로 반치음이응(ㅿ이응)으로 초성에서 유성음으로 쓰이다가 후일 이응(ㅇ) 소리로 통용되면서 사라졌다.

혹자는 시옷(ㅅ)과 이응(ㅇ)의 사잇소리로 (슬이-을)처럼 변했다고 하는데 필자는 그렇지 않다고 생각 한다. 반치음(ㅿ)은 시옷(ㅅ) 소리가 아니라 이응(ㅇ)에 가까운 여린 이응 소리 즉 "반치음이응(ㅿ이응)"이라고 주장 한다 .

강릉 사투리에 영감님을 "승감님"이라 하며 쓸개를 "슬" 이라 하는 소리값이 바로 그 예라고 본다.

옛이응(ㆁ)은 사잇소리로 강릉 사투리에 소ㆁ아지, 어머ㆁ이와 같은 사례가 많이 나타난다.

여린 히흫 (ㆆ)은 햔하다 (희한하다)가 그렇다, (흰다리)

19. 우리 선조들은 문자가 만들어 지기 이전에 서로의 의사소통을 위한 순수 우리언어(구어)가 있었다. 그리고 순수 우리말은 한자가 아니라고 보아야한다. 그 이유는 의사소통을 위한 순수 우리말을 문자로 전달하기 위한 수단으로 한자를 빌려 향찰, 이두 문자를 만들어 사용하는 과정에서 우리말

이 점차 한자로 교체되었기 때문이다. 즉 순수 우리말은 문자의 차용으로 점차 한자로 교체되거나 아예 한자의 음을 그대로 사용하게 되었다고 보아야한다. 그리고 대부분의 각종 명칭도 이런 과정을 거치면서 붙여진 것으로 추측 할 수 있다. 이 과정에서 순수 우리말이 상당수 소실되었다고 본다. “아리랑”이 그 대표적인 사례라 할 수 있다. 따라서 우리말은 구어체(순수 우리말 또는 한자의 “훈”으로 된말)와 문어체(한문 또는 한자의“음”으로된 말)로 구분 할 수 있다. 그러므로 환단고기에서 주장하는 “가림토”라는 우리 글자를 찾아 연구하고 재조명할 필요가 있다. 이유는 훈민정음 해례 정인지서에 “자방고전”이라 했다 이것은 우리조상들이 사용하던 순 우리말이 있었다는 증거이다. 또한 서당에서 배우던 천자문은 구어(순우리말)와 문어(한자)를 정리해 놓은 표준교본이라 볼 수 있다. 즉 순 우리말과 한자를 함께 배우는 서당 교과서였다고 할 수 있다. 그리고 훈민정음 제정은 우리말과 글자를 정리한 완성본이며 세계 제일의 표음문자이다.
중요한 것은 우리말을 한자의 음이나 훈으로 표기한 (향찰, 이두)의 잔재가 강릉 사투리에 아직도 남아있어 우리말 연구에 귀중한 자료가 되므로 보존 되어야 할 가치가 있다.
아울러 우리조상이 한자 이전에 사용했던 순 우리말도 찾아야겠다.
그리고 강릉사투리 보존을 위해 사투리 전수관을 세워 운영

해야 할 것이다.

20. 강릉사투리를 통해 "거랑"과"알"을 찾게 되어 물이 흐르는 물길의 명칭을 단계적으로 정리하게 되었다. ★고랑(골짜기)-밭고랑-도랑(논,밭도랑)-거랑(개울)-알(내, 가람)-아리수(아리랑)
21. 태국 방콕에서 열린 제2회 세계 문자 올림픽 대회에서 1위 문자는 한글, 2위는 인도의 텔루구, 3위는 알파벳, 으로 결정되었다. 한글의 우수성이 세계적으로 판정되었다. 이젠 순 우리말을 찾아야 한다. 이것은 사투리 속에 있다 사투리를 잘 살펴 보아야한다.
22. 한글과 비슷한 문자가 인도의 구자라트(산스크리트 문자)라고 하는데 조음의 합성체계가 한글과 전혀 다르다고 한다. 중요한 것은 우리의 것을 찾자는 것이다. 왜 중국과 인도를 연관 지어 고증하려 하는지 알 수가 없다. 이젠 선구적이고 자기 주도적인 역사와 문화를 가진 우리가 자신감을 갖자 황하유역의 문명 발상지가 우리민족이 살던 곳이다. 우리 민족의 업적이다. 긍지를 갖고 살아야한다. 그리고 환단고기를 멀리하거나 무시하지 말고 우리의 단군역사를 다시금 샅샅이 살펴보자 왜냐하면 우리 단군 조상이 대를 이어 사용했다는 가림토를 심도있게 연구해보자 우리의 역사를 찾고 문화를 찾는데 학자들 간의 계파 싸움으로 우리의 뿌리가 흔들리면 절대 안된다. 학자들은 열린 사고로 우리의 역사와 문화에 대한 올바른 가치관을 가지고 연구해야 할 것이다.

❖ 강릉의 고을 명칭

토속적인 강릉의 마을 여러 곳에서 향찰로 된 지명을 찾을 수 있다 그리고 이를 통하여 순 우리말이 한자(문자)로 변환되는 과정을 엿볼 수 있다.

강릉 사투리에서는 山을 (메,미,므)로 谷을 (곡,골,올,굼,궁)으로 逸을 (일,골,실,닐,밀)로 湖를 (호,포,개) 등 순 우리말 근원을 많이 볼 수 있다 계속 연구되어야 할 과제이다.

그리고 우리말은 구어체(순 우리말"훈")와 문어체(한자의"음")로 양분화 되어있다.

따라서 한글 이전에 "가림토"라는 글자 모양이 우리 한글과 흡사하다.

이것이 구어체(훈)의 최초문자가 아닐까 하는 추측을 할 수 있다.

그리고 구어를 문자로 전달하기 위한 격이 높은 수단이 "향찰. 이두" 문자였다고 짐작 할 수 있으며 문자이전의 구어체가 순 우리말이라는 것을 이해 할 수 있다.

우리말은 너무 아름답다 예를 들면 "하늘(天)엔 해(日)와 달(月)과 별(星)이 땅(地)에는 들(野)과 메(山) 그리고 알(江)과 아라(海)가 있다 우리말을 찾아 널리 활용해야한다.

또한 서당에서 배우던 천자문은 소리글자(구어)와 뜻글자(문어)를 정리해 놓은 표준 교본이라 할 수 있으며 우리말과 한자를 함께 배우는 서당 교과서였다고 볼 수 있다 그리고 훈민정음 제정으로 우리의 글자 즉 한글이 완성 되었다.

세계 제일의 자랑스런 문자이다.

그런데 우리말을 한자의 음이나 훈으로 표기한 글자(향찰)가 강릉 사투리에는 아직도 남아 있어 우리말 연구에 귀중한 자료가 되므로 강릉사투리는 보존되어야 할 가치가 있다.

"처용가"를 통해 강릉의 고을 명칭을 살펴보자.

1. "처용가"이해와 강릉 사투리

東京 明期 月良 (동경 명기 월량) - 동경 밝기 달에

夜入伊 遊行如可 (야입이 유행여가) - 밤들이 놀며 다니다가

入良沙　寢矣見昆 (입량사 침의견곤) - 드라사 잠자리 보곤

脚 烏伊　四是良羅 (각 조이 사시량라) - 다리 새니 네시어라

二肹隱 吾下 於叱古 (이힐은 오하 어질고) - 둘은 나의 것이고

二肹隱 誰支 下焉古 (이힐은 수지 하언고) - 둘은 누구 것인고

本矣 吾下 是如馬於隱 (본의 오하 시여마오은) - 본시 나의 것이지만은

奪叱良乙 何如爲理古 (탈질량을 하여위리고) - 뺏긴것을 어찌할고

여기에서 脚 烏伊 즉 "烏"를 까마귀 "烏"로 보면 (脚 烏伊)를 "가오리(가라리)"로 억지 해석을 하게 된다 그런데 새 "鳥"로 보면 (脚 烏伊　四是良羅)를 "다리 새니 네시어라" 라고

해석이 자연스러워진다.

"처용가"를 통해 향찰과 이두의 용례를 살펴보면

1. 한자의 훈(뜻)과 음을 우리말에 어떻게 표기한 것인지를 알 수 있다.
2. 良, 可, 伊, 乙은 접미사 또는 어미(에,어,이(니),을, 등)로 쓰여 지고 있고
3. 矣는 어조사로 隱은 토씨(시, 은,등)로 쓰여 지고 있다.
4. 한문 문장의 토(어조사)는 以, 乎, 之, 伊, 可, 矣, 也, 焉, 哉 등이 있다.

   우리말에서는 -이,-는, -하여,-하면,-이면, -로,-를, -라 등으로 쓰인다.
5. 처용가에서 脚 烏伊(각오이-가라리)가 아니라 脚 烏伊(각조이-다리 세니)인 것 같다.
6. 한자 랑(良,浪,郎)은 순우리말 사랑, 이랑, 고랑, 도랑, 거랑, 아리랑 등에 어미(접미사)로 쓰여 진 사례로 볼 수 있으며 이렇게 한자(思良, 利浪, 洘浪, 滔浪, 阿利浪,)로 표기 할 수도 있을 것이다.
7. 강릉 사투리 지명에는 향찰과 이두가 살아 숨 쉬고 있다.
8. 지금 쓰고있는 우리말은 한자의 훈보다 음을 그대로 사용하는 예가 대부분이다.

2. 강릉 토속적인 마을이름

솔올 - 송곡松谷-솔골-솔올

준벵이 - 준방俊方-준벵이

두루미 - 학봉(鶴峰)- 두루뫼-두루미

광젱이 - 광정(廣汀)-넓은 뜰

배다리 집 - 선교장(船橋壯)-배다리집

모새골 - 모시골

하람 - 하남河南-하람(河濫),으로 (沙川남쪽-河南이 河濫으로 강의 남쪽이라는 명칭임)

겐금 - 건금(建金)-겐금(강릉김씨가 모여 살던 마을)

흙베리 - 흙벼랑 (홍제동 교도소 입구에서 영동전문대 앞까지의 벼랑)

우추리 - 위촌(渭村) 김상적이 살았던 마을에서 유래 됨, 위촌리(우추리)

大正町 - 일제시대 일본인들이 모여 살면서 大正원년(1918)에 만든 마을 명칭
현재 남문동이다 당시 일본인들에 의해 마을명칭을 홍제정.임당정.용강정,대정정 등 일본식으로 "정"을 붙였음

보래미 - 보남이-보냄이(남쪽을 보는 마을이었음) 浦南(지금은 경포호 남쪽)-현 포남동

고랑우 - 鯨岩(고래바우)에서 유래되었다고 함, 골안마을(산 고랑마을)-고랑우

빗돌베기 - 비스듬히 박혀있는 큰 바위 옛 남대천변 홍제동 공병대가 있던 곳

곱장솔 - 굽은 큰 소나무가 있던 곳 금산리 관음 입구

너래바우 - 書出池(蓮花潭)을 안고 있는 넓은 멍석바위 연화봉 북쪽 남대천변
현 월화정 과 시영주택사이 너래바위 앞이 깊은 소(蓮花潭) 였다.

백봉령 : 백복령(百複嶺) : 령 정상에 있는 마을이 "군대"이다. 예전에는 군인들이 백여 곳이나 매복 했던 군사 요충지이다.

3. 한자의 훈(뜻)과 음을 따서 지은 향찰로 된 강릉지명

內月(앤뙐) : 안쪽에 있는 뙈기 땅 "앤뙐"을 향찰식 문자표기 즉 안달 (內月)로 표기하고 있다
("月"을 향찰 표기에 빌려 쓴 흔적을 강릉사투리에 가끔 나타난다)

板橋(너다리) : 板의 훈(뜻)이 "널"이고 橋의 훈(뜻)은 "다리"이다.

石橋(돌다리) : 石의 훈이 "돌"이고 橋의 훈이 "다리"이다.

長峴(진재) : 長의 훈이 길다(질다)"진"이고 峴의 훈이 "재

(고개)"이다.

斗山(말산) : 斗의 훈이 "말"이고, 山은 음 그대로 "산"이라 하였다.

申石(납돌) : 申의 훈이 "납"이고, 石의 훈이 "돌"이다(蟾石이 申石으로 변하였다)

蟾石(섬돌) : 섬돌을 섬둘로 부르며 蟾(섬)과 石의 훈이 "돌"이다.

白橋(핸다리) : 白의 훈이 "핸(하얀)"이고 僑의 훈이 "다리"이다.

甑峰(시루미) : 甑의 훈이 "시루"이고 峰(山)의 훈이 "뫼(미)"이다.

幼山(어리미) : 幼의 훈이 "어린"이고 山의 훈이 "뫼(미)"이다.

柄山(자리미) : 柄의 훈이 "자루"이고 山의 훈이 "뫼(미)"이다.

浦南(보내미) : 浦의 음이 "보(포)"이고 南의 음이 "나미"이다.

河南(하람) : 河의 음이 "하"이고 南의 음이 "남(람)이다 (河(강)의 남쪽 마을)

船橋(배다리) : 船의 훈이 "배"이고 橋의 훈이 "다리"이다

蟬淵(매미소,맴소) : 蟬의 훈이 "매미"이고 淵의 훈이 "소(못)"이다.

助山(즈므) : 助의 음이 "조(즈)"이고 山의 훈이 "뫼(므)이다 (즈므 마을에는 "助山"이 있다)

林逸(숲실) : 林의 훈이 "숲"이고 逸의 음이 "일"인데 읽을 때 "숲실"로 소리낸다.

池逸(모솔) : 池의 훈이 "못"이고 逸의 훈이 "골"인데 읽을

때 "못골(모솔)"이다.

竹逸(댓골) : 竹의 훈이 "대"이고 逸의 훈이 "골" 이다.

楡川(느름내) : 楡의 훈이"느름나무,느름"이고 川의 훈이 "내" 이다.

蘭逸(날밀) : 蘭의 음이 "난"이고 逸의 음이 "일"이다 읽을 때 (난일-날밀)로 변형됨

牛岩(소돌) : 牛의 훈이 "소"이고 岩의 훈이 "돌"이다.

思男山(새남산) : 思男山은 음을 그대로 쓰고 있다 진부에 있음.

望月(망우리) : 望月은 음을 그대로(망월이-망우리)로 쓰며 달맞이를 뜻한다.

騎馬峰(말탄봉) : 騎馬의 훈이 "말을탄"이고 峰은 음을 그대로 쓰고 있다.

鼎峰(솥봉) : 鼎의 훈이 "솥"이고 峰은 음을 그대로 쓰고 있다 "증봉"이라고도 함.

栗峴(밤재) : 栗의 훈이 "밤"이고 峴은 훈이 "재"이다

船厓(배두덕) : 船의 훈이 "배"이고 厓(애)의 훈이"두덕"이다

梨木亭(배낭목젱이) : 梨의 훈이 "배낭그"이고 木亭은 음을 그대로 쓰고 있다.

內逸(내닐-내곡) : 음을 그대로 쓰고 있다. "자주와리"라고도 한다.

雛山(새끼미) : 雛(추)의 훈이 "새끼(어린새끼)"이고 山의 훈이 "뫼(미)"이다.

長田谷(진밭골) : 長(길다),田(밭),谷(골짜기) 모두 "훈"이다.

柳木亭(유목정) : 모두 "음"이다."훈"으로는 "버들목젱이"이라 고도 한다.

見潮峰(젠주봉) : 바다의 조류를 살피는 봉(견조봉)-"견주다" 강릉사투리로 "존주다"라고 한다.
따라서 "견조봉"이-존주봉(젠주봉)으로 불리게 되었고 안목을 젠주라 한다.
그리고 행정구역명칭을 견서동이 아니라 견조동으로 고쳐 불러야한다.

員泣峴(원울이재) : "훈"으로 된 지명이며, 강릉에 부임해오는 원님들이 올 때 너무 험해서 울고 갈 때는 정들어 운다는 대관령 오솔길 중간에 있는 재

月川(달내) : "훈"으로 된 지명이며 (이곳의 옛 지명은 "상알천,하알천"으로 추측된다)

池內逸(모안이 골) : 지낼(못안이굼) "훈"으로 된 지명이며 "모안이 골" 이라 함

望月峰(망우리 봉) : "망월이 봉" 이며 모두 "음"이다

沙川(모래내) : "훈"으로된 지명이며 영동지방에는 "강"이 없고 "개울(거랑)"과 "내(알 또는 알천)"이 있다.
(沙川의 옛 지명은 沙月이였음, 이것은 순우리말 지명 "사알(모래내)"을 향찰로 표기 할 때 "알"을 한자 "月"로 빌려 쓴 흔적이 남아있는 것이다. 따라서 "사알"을 "사월"로 불렀다

이러한 지명은 “상월천(상알),하월천(하알)”이 강릉과 양양 경계에도 있다 (물이 흘러가는 명칭을 영동지방에서는 고랑-도랑-거랑(개울)-알(내)또는 알천 이라한다 하지만 “강”(아리수,아리랑)은 없다)

柳峴(버들재) : “훈”으로된 지명

鳥項(새매기) : “훈”으로된 지명

辛梨嶺(신배령) : 배가 “훈”으로 된 지명

王峴(왕고개) : 왕은 “음” 고개는 “훈”으로 된 지명

元通(원퇭이) : “음”으로 된 지명(원통사 절이 있던 곳)

瓦坪(와 뜰) : “뜰”이 훈이다

下坪(아래 뜰) : “훈”으로 된 말이다

玉街(옥거리) : “거리”가 훈이다

西池(서지) : 호수 서쪽마을 “음”으로 된 말이다

梨谷(뱃골) : “훈”으로 된 말이다

馬樓(말루) : 말을 매어놓는 누정 “말”이 훈이다

茅谷(모새골) : “훈”으로 된 말 (“모새” 풀이 많은 마을)

井谷(샘골) : “훈”으로 된 말

文山(민미) : “훈”으로 된 말

見南(보내미) : “훈”으로 된 말(남쪽을 보는 마을)

瓦谷(와가매 골) : “훈”으로 된 말

沙月(사월) : 沙川(모래 내)를 “沙月”이라 하는데 향찰로 “사

알"을 "沙月" 이라 표기하였다고 본다. 이유는 앤뗼을 內月로 표기하고 있으며, 달내(月川) 또한 "알천"이라고 짐작하건데 월천이라는 명칭은 여러 곳에서 나타난다 이것은 순 우리말 알(아리)을 향찰로 月(월)이라 표기한 것이 아닌가한다.

영동지방에는 "알"을 "月"로 표기한 것으로 추측되는 지명이 아직도 남아 있다.

☎ **이밖에도 재미난 마을 명칭이 많이 있다. 김기설 박사의 "강릉고을 땅이름 유래"(2008년)를 참고 하기 바란다.**

❖ 강릉 사투리 시

새로 맹근 질

김동철

땅째봉 부레기 산지슭 질 가에
해 잘 드는 거레ㅇ이 양지가 있다

등가ㅇ으 너머서면 우추리가 있고 거겐 아재가 산다
호레ㅇ이가 댕기던 숭악한 산꼴이다
수푸러ㅇ이 망코 짐승이 수타게 살았다
우추리 아주머ㅇ이들이 장제기 팔러 댕기던 질이다
골아ㅇ우에서 가망데ㅇ이로 베온 소낭그다
날이 저믈믄 개갈가지가 무서워
겐금으로 해서 갓방우로 여레이 모예 댕겼다
시방은 아파트가 수푸렁이 되었다
마커 살기 매ㅇ했다던 느릅내가
이제는 서루 들어와 큰 질을 내고 북새통을 치니
짐승도 소낭그도 간데없고 아파트만 앙크렇다
땅째봉에 그-한 만턴 산 퇴끼도 보이질 않는다
장보러 댕기며 거레ㅇ이 양지에 앉아 해달금하며 지걸이던
아주머ㅇ이들이 눈에 서언하다

수푸렁이 사라진다
우추리가 간데없다

낼 가세

김동철

어차피 가야될 질 이라면
시남 해 갈 걸

꽃도 보고 새 소리 들으며
아리랑에 뭉개 앉아 발도 씻고
이쁜 조약돌 줘서 공기놀이 하다 갈 걸
날이 저물면 낼 가믄되지

바쁘면 어제 갈 걸
시방도 그 질을 가고 있는데

벚꽃 축제

김동철

봄바람에
화들짝 놀랜
너의 퍼포먼스

뻥튀기가 낭그에 앉아
쌀 튀밥을 터트리고
질 가엔 광밥이 게락이다

봄을 낳고 있다

강릉 사투리대회

김동철

단오장에
여레이 모예앉아 지거리는 말투가
우리할머ㅇ이 소리 같아

귀르 기우리니
니따구들은 눈치르 보미
촌시럽게 즐거워 한다
가차이 다가가서 말 장구르 치니
코 끄퉹이가 찡해지미
가슴이 메워 진다

고향에 계신
울 어머ㅇ이 생각에

미소

김동철

인사동
재집 다방에
한 떼거리가
몰레 가서
마커 커피를 씨켰다

죈 댁네는
마커 커피는 없고
모카커피가 있단다

입가에 번지는 미소가
소시 적
고향을 마셨다

제 3 편

강릉ᄼᅡ투리 ᄼᅡ전

ㄱ

가- 가 : 개가(그 애가)

가근방에 : 근처에(가근방에 사는 사람)

가꾸 댕게요 : 가지고 다녀요(가주 댕게요)

가달이 : 가다리(다리 가달)

가두키다 : 갇히다(가두케 살았다)

가따가 먹어 : 가져다가 먹어

가래토시 : 피곤해서 생긴 림프절 멍울(많이 걸었더니 가래토시가 생겼다)

가레ㅇ이 : 가다리(가렝이가 찢어지게 걷는다)

가로다지 : 가로질러(가로다지로 금을 그어라)

가름배 : 가르마

가리 : 모아서 쌓아놓은 것(나뭇가리,짚가리)

가리개친다(갈개친다) : 앞에서 알짱거린다

가마니떼기 : 가마니

가망데ㅇ이 : 모르게 살짝(가망뎅이)

가볼라우 : 가서 보시겠어요

가부와 : 가벼워

가부재 : 양반다리로 앉은 자세

가불레 대다(가불리다) : 때리다(후려치다)

가붑다 : 가볍다

가붓한기 : 가벼운 것이

가새(가왜) : 가위

가시머리 : 가시덤불이 많은 산 끝자락(두물머리-두개의 강이 합치는 곳)

가자믄(하자믄) : 가자면(하자면)

가작하는 꼴이 : 기-껏하는꼴이

가작끈 : 고작(하는 일이 가작끈이다)

가제나 : 가뜩이나(가제나 추운데 기다리느라 혼났네)

가주와요 : 가져와요(가지구와요)

가짜베기 : 진품이 아닌 가짜(시장에 가짜베기가 개락이야)

가찹다 : 가깝다

각쪼가리 : 두꺼운종이

간 : 반찬(간이 많아서 잘 먹었네)

간나 : 여자아이

간떼ㅇ이 : 뱃장(간뗑이가 크다)

간수하다 : 보관하다(물건을 간수해주면 돈을 받는다)

간조놓다 : 간추려 놓다

간질구다 : 간지럽게하다

간춰주다(간줘주다) : 가지런히 갖추어주다(흩어진 종이를 간춰서 주다)

갈가마구 떼 : 까마귀떼(공짜로 준다하니 갈가마구 떼처럼 모에들었다)

갈강버짐 : 마른버짐

갈개치다(표준어) : 거치적거리다

갈게 : 가을에

갈구리 : 갈고리

갈그(갈기) : 가루(미깔그)

갈리키다 : 갈라지다(두편으로 갈리켰다)

갈코주다 : 가리켜주다

감재 부치기 : 감자 부침개(전)

감재 : 감자

감재적 한소뎅이 : 감자적한솥뚜껑

갑작시리 : 갑작스레

갔다가 오마 : 갔다올게

강네ㅇ이(옥시끼) : 옥수수

강밥 : 강냉이 뻥튀기

강산판다 : 한눈팔다(강산팔고 다니다 넘어진다)

강산팔구 댕긴다 : 헛눈팔고 다닌다

강중배기 : 곤두박질(거꾸로 쳐박히다)

개눈까리 : 알사탕(눈깔사탕)

개오르다 : 덤벼들다(조그마한 눔이 개오르네)

개코같은 소리 : 말도 안되는 소리

개코같네 : 별로신통치않네

개굴창 : 시궁창

개돌이 : 장난꾸러기

개든다 : 덤벼든다(심도없는기 울매나 개드는지)

개들다 : 덤벼들다

개루와 : 가려워(개루워 죽겠네)

개룹다 : 가렵다(등떼기가 개룹다)

개방놓다 : 훼방 놓다(개방 놓지 마라)

개살 : 질투,심술(개살이 많아 어울리지 못해요))

개시바리 : 눈 결막염

개와 : 주머니(바지개와에 넣고 댕게라)

개코도 모른다 : 아무것도 모른다(개코도 모르는기)

개파리 : 개구쟁이

갬브러 : 괜히 일부러(갬브러 그러는 거지)

갱게 올라간다 : 감겨 올라간다

갱변 : 집 울타리 밖 노지(갱변에서 잤다)

거- 가가주고 : 그곳에 가서

거다 내삐린거 쪼담어 와 : 거기다 내버린 것 주워 담아 와

거더들리믄 : 걸려들면(까불다 거더들리문 혼난다)

거두미 : 수확(가을 거두미가 한창이다)

거들떠 보지도 안해 : 쳐다 보지도 안해(웬만한 사람은 거들떠 보지도 안해)

거듬어신다 : 걷어차다

거랑 : 개울 (고랑-도랑-거랑-알(川)-아리수(江) 또는 아리랑)

거럼 : 그럼

거름베ㅇ이 : 거지(거름벵이)

거름테미 : 거름 덤이

거멍 : 검정 숯가루(부뚜막에 거머ㅇ이 매른없다)

거북하다 : 불편하다(떡으 망이 먹어 속이 거북하다)

거저 : 그냥 손쉽게(공짜로)

거진다 왔다 : 거의 가까이 왔다

거푸거푸 : 잇달아 연속해서

건내다 : 건너다(도라ㅇ으 건내느라 바지가렝이가 젖었네)

건딜기만 해봐라 : 건드리기만 해봐라

건추 : 무청말린 것(건추 된장국)

걸래미 : 걸래

걸리키다 : 걸려 갈개치다

걸머지다 : 짊어지다

걸음내끼 : 달리기(육상)

걸케서 : 걸려서

검부제기 : 마르고 가벼운 것(검불)

검불 : 마른낙엽(산에 검불 때문에 불이나기 쉽다)

검자ㅇ우 : 멍든 자리(다리에 검자ㅇ우가 들었다)

게따가 : 조금 있다가(게따가 줄께)

게떠거 : 조금 있다가

게락 : 엄청 많이 쏟아져 나오다(시장에 꽁치가 게락입디다)

게서 댕게 : 기어 다녀

게우다 : 토하다(술으 마ㅇ이먹고 게우다)

겐겜스레 : 게슴츠레(잠이와서 눈이 겐겜스레하다)

겔르다 : 게으르다

고개말랑 : 고개 마루

고거(고기 말이야) : 그것(그게 말이야)

고기를 꼬가지고 : 고기를 구워가지고

고네ㅇ이 : 고양이

고담에 : 그 다음에(고담에 얘기 하지뭐)

고대 갔다 왔네 : 금방 갔다 왔네

고대로(고대루) : 그대로

고랑때 : 골탕(혼자 하느라 고랑때 먹었네)

고래삭 : 구들장 밑으로 연기가 나가는 통로

고무 : 고미(지붕아래를 산자로 엮고 그 위에 흙을 덮은 곳)

고무다락 : 천장과 지붕사이에 있는 공간(고미 공간)

고무딱개 : 지우개

고무를누르다 : 고미를 흙으로 눌러 바르다

고바ㅇ이 : 언덕 굽이진 고개

고봉으로 : 넉넉하게(쌀으 고봉으로 담아라)

고뿔 : 감기(고뿔은 뜨신 아랫묵에서 지져야 돼)

고사ㅇ아 말두못하게 했아 : 고생을 너무 많이 했어

고상받기(표준어) : 항복받기

고제ㅇ이 : 여성한복 속바지(고젱이)

고지 : 박 (박나물,박꽃)

고집패기 : 고집(그눔 고집패기 하고는...)

고춧 대궁 : 고추대

곡석 : 곡식

곤쳐 : 고쳐

곤치다 : 고치다(허물어진 담으 곤치느라 온소설이 매달렸네)

골개실 : 고래실(골짜기에 기름진 논)

골개실논 : 골짜기 농사가 잘되는 논

골고먹다 : 꼬득여 빼먹다 (크단눔들이 언나들을 골고 먹는구만)

골구다 : 평평하게 고루 펴다

골머리 앓다 : 일산화탄소 중독이 되다

골이아프다(비표준어) : 골치아프다

골짜구니 : 골짜기

곰방 : 금방(곰방 갔다 왔네)

곰배 : 고무래

공중태기 : 뒤로 크게 태기치다

과시원 : 과수원

과ㅇ이다 : 괭이다(베를 베서 논뚝에 과ㅇ이다)

과재 : 과자

과질 : 한과

곽조우 : 곽종이(두꺼운 종이)

괄세 : 멸시(촌눔이라고 괄세한다)

광밥 : 옥수수 튀밥

광지리 : 광주리

광청 : 등잔을 놓아 부엌을 밝히던 창호가 있는 작은 창

괭 : 곡식이나 물건을 넣어두는 광(방)

구구 : 생각하기 (구구는 멀쩡한기)

구구머리 라고는 : 고작 생각하는 것이라고는

구녕 : 구멍

구데ㅇ이 : 구덩이(호박 구뎅이)

구둘뻬 : 온돌바닥, 온돌

구들에다가 : 안방에다가

구루마 : 바퀴달린 소나 말이 끄는 달구지(수레)

구르무 : 크림(동동구르무)

구박 : 함지보다 작은 나무로 만든 그릇

구석배기 : 귀퉁이(구석배기에 앉아)

구융 : 구유

구쿨다 : 부풀어 오르다

구틀 : 옛날 화장실 발판

국껀데기(껀지) : 국건더기

국시반데기 : 국수반대기(넓적한것)

국시 한글세 울매요 : 국수 한그릇에 얼마요

굴레바꾸 : 굴렁쇠(동차, 타이어)

굴밤 : 도토리

궁-굴다 : 궁구르다

궁굴다 : 속이 비었다(나무속이 궁굴었다)

궁기(구녕) : 구멍

궁기다 : 굶기다

궁데ㅇ이 : 궁둥이(궁뎅이)

귀싸다구 : 뺨따귀(귀떼기)

귀따굽다 : 시끄럽다

귀떼기(귀뽀라지) : 귀밑의 뺨

귀새통 : 물이 흘러가도록 홈을 파낸 나무 통

귀싸데기 : 뺨(속어)

귀와지 : 뺨

귀테ㅇ이 : 귀퉁이(귀텡이)

귓대도ㅇ우 : 귓대동이

그느마 : 그 애(그 아이)

그따구 : 그따위

그질로 : 그길로

그기야말로 : 그것이야말로

그깐너머꺼 : 그까짓 것(그깐너머꺼 내버려두지 뭐)

그깐녀너꺼 : 그까짓 것

그느머 종자 : 그 인간

그닷하냐 : 그럴수가 있느냐

그닿하우야 : 그럴수가 있소

그따구 : 그따위(일으 그따구로 하믄 안되지)

그래가주구 : 그렇게해서(그래가주구 돈으 벌었아)

그래구말구 : 그러던지 말던지

그랬짠쏘 : 그랬잖아요

그러구새구 : 그렇든지 말던지(이구새구 비오는데 써야지)

그러커덩 : 그렇거든

그레기말이야 : 그러게 말이야

그룻잠(표준어) : 깨었다가 다시자는 잠

그르테기 : 그루터기

그마리 : 거머리

그버텀두 : 그것부터(그버텀두 잘못댓아)

그새(표준어) : 눈깜작할 사이(그 사이에)

그양 : 그냥

그- 재새 : 그러구 잠시있다가 비로서(그재새 일을 시작하는구만)

그짓뿔 : 거짓말

그한춥더니 : 그렇게 춥더니(지난 저울게 그한춥더니)

그- 한 : 그처럼(그- 한 난리치더니)

근네 가다 : 건너 가다

글루가면 : 그리로 가면

글찌나마 : 그것마져도

기구가관 : 하는꼴이 형편없음(하는꼴이 기구가관이다)

기끈해야 : 기껏해야(기끈해놨더니 새루하라네)

기듬해 : 이듬해

기레기(지레기) : 길이(기레기가 길어서)

기벽스럽다 : 지나치게 적극적이다

기별(표준어) : 알림(안부-기별을 해라)

기부리 : 잔뿌리(고추는 기부리가 많아야 잘 큰다)

기어코 : 기어이(기여코 이겨냈다)

기왕 왔으면 : 어차피 왔으면

기왕이면 : 어차피 할 것이면 (이왕이면)

기- : 게(바다 게)

기절정풍 : 기절초풍(깜짝 놀래 기절정푸ㅇ으 했짠쏘)

기튿날 : 다음날

까까머리 : 스님머리(까까중)

까꿀루 : 거꾸로

까물치다 : 까무러지다

까-불다(표준어) : 방정맞은행동

까불다 : 키질하다

까시 : 가시

까오치 : 깔끄러운 껍질 (보리 까오치가 깔끄릅다)

까체ㅇ이 : 까치

까토리복상이 되지게 마싯아 : 개복숭아가 무척 맛있어

깍지까리 : 소여물거리 모아둔 곳

깔떼기 : 알몸이 나오도록 옷을 벗기다(깔떼기 베껴먹자)

깔떼기 : 딸꾹질(깔떼기가 나서 밥을 못 먹아)

깔죽대다 : 깐죽대다

깜초하다 : 약간 검다

깜초한기 : 약간 검은빛을 띠다(손가방 이깜초한기 이쁘다)

깨구리 헴 : 평영

깨구리 : 개구리

깨금발 : 외발

깨금발뛰기 : 외발로뛰기

깨 놓고 : 털어놓고

깽패래서 : 야위어서(깽패래 가지구 볼품이 없다)

꺄난꾸 : 끌어안고(꺄난꾸 산다)

꺄무리 : 껍질

꺄주하다 : 허름하다(볼 품 없다)

꺄치렇다 : 얼굴에 윤기가 없다

껀데기 : 건더기(국에 껀데기가 없네요)

껀지다 : 건지다(물에 빠진그 껀지다)

껍데기(표준어) : 껍질

께들다 : 끼어들다(어른들이 말하는데 께들지 말구)

께들어온다 : 기어들어 온다(새벽이래야 께들어 온다)

꼬게ㅇ이 : 알맹이를 벗겨낸 속공이(옥수수 속 꼬겡이)

꼬데ㅇ이 : 언덕 꼭대기(꼬뎅이)

꼬들머리 : 곱슬머리

꼬라지 : 모습이나 행색(꼴)

꼬락서니 : 행색, 꼬라지(꼬락서니가 매른 없다)

꼬랑데ㅇ이 : 꼬리

꼬랑지(꽁뎅이) : 꼬리

꼬레ㅇ이가 기다랑기 : 꼬리가 기다란 것이

꼬매다 : 꿰매다

꼬메ㅇ이 : 꼬마

꼬바리 : 꼴찌

꼬제ㅇ이 : 작대기(꼬젱이)

꼭 차매다 : 꼭 잡아매다

꼭다리 : 꼭지(냄비뚜껑 꼭다리가 빠졌네)

꼰대 : 낡은 사고로 꼬장꼬장한 사람

꼰지니 : 고누놀이

꼴 : 소먹이 풀(꼴으 낫으로 비다)

꼴갑떤다 : 자랑하며 갑질한다

꼽쳐 온다 : 되돌아서 온다

꽁지 빠져라 : 꼬리가 빠지도록 잽싸게

꽤- : 오얏(자두)

꾀미 : 고명(국시에 꾀미르 올려야지)

꾀사니(꾀대가리) : 꾀

꾸덕살 : 굳은살

꾸물덕거리다 : 꾸물거리다(꾸물대다)

꾸정물 : 구정물(설거지한 물)

꿀밤 : 도토리

꿔먹었다 : 구어 먹었다

끄난꾸잔다 : 끌어안고 잔다

끄난다 : 끌어안다

끄네기 : 끈

끄름 : 그을음

끄슬구다 : 태우다(골려주다)

끄실구다 : 그을리다

끄트마리 : 끝부분(크트마리에 앉아 뭘 하겠다고)

끈키다 : 끊어지다(연줄이 끈키다)

끌체서 : 긁혀서(장미가시에 얼굴을 끌체서)

끌치다 : 긁히다

끔 : 껌

끝퇴ㅇ이 : 끝자락(마루 끝퇴ㅇ이 앉아서)

낑구다(낑궈) : 끼우다(낑고먹기 놀이)

ㄴ

나달 : 곡식(낱알)

나대다 : 돌아치다

나-댕기다 : 나 돌아다니다

나래비 : 줄지어

나릿가 : 항구주변(바닷가)

나물구다 : 나무라다(나물구지 말구)

나뭇까리 : 나무더미

나바구 : 나이가 꽤있는 사람(그 사람 나바구네)

나베ㅇ이 : 나방(나벵이)

나불거리다 : 떠들어대다

나세ㅇ이 : 냉이

나- 원- : 나- 참

나혼처 : 나혼자

낙싯물 : 낙숫물

난닝구 : 런닝샤스

난두 : 나도

난-자 : 비켜

난저라 : 비켜라

날래 : 빨리(날래 해라)

날래가져오다 : 얼른 가져오다

날리치다 : 질서가 없고 소란스럽다

날이 물쿠네 : 날씨가 습기가 많고 덥네

날이 지질거린다 : 비가 계속 내린다

날이 푸근하다 : 날씨가 포근하다

날파리 : 하루살이

남새시룹다 : 창피하고 부끄럽다(남새시루워 죽겠네)

낫살 : 나이

낭게다가 : 나무에다가

낭그 : 나무

낭처ㅇ으 떤다 : 여우짓(낭청으 떨구있네)

낭처ㅇ으 떨다 : 거짓말하다

낭체ㅇ이 : 듬직하지 못하고 가벼운 사람(낭쳉이)

낮으루 : 낮 동안(낮으루 일한다)

낯쎄요 : 세수해요(시장님이 상구도 낯쎄요)

낱전 : 잔돈

내빠달구다 : 내쫓다

내삐려라 : 내버려라

내거리 : 바깥(마당)에 설치한 솥

내구와 : 연기가 매캐함(연기가 내구와서 눈물 흘렸네)

내껀지다 : 내버리다(깨진그 마커 내껀저)

내껀진거 쪼담다 : 내다 버린 것을 주워담다

내달구다 : 내쫓다(아새끼들이 말으안들어 내달궜짠쏘)

내더보니 : 내다보니

내-레 : 내일에(내레 갈게)

내리꿔다 : 너무 잘 알고있다

내리다지 : 이어서계속(네리다지로 고구마를 심었다)

내무지다 : 내쌓다(베르 베가지고 질까다 내무졌짠쏘)

내복바람으로 : 속옷차림으로

내빠달구다 : 내쫓다

내삐리다 : 내버리다

내잔다 : 계속잔다(피곤한지 저녁도 안먹고 내잔다)

내재다 : 내빼다(도망 가다)

내-질라 : 세게 내-차라

내키다 : 할 의사가 생기다(기분내키면 일으해라)

낸들 : 나또한(내가 한들)

냉거리 : 잘타지않는 생나무(냉거리가 타지도안쿠 연기만 나네)

냉거지 : 나머지

냉게라 : 남겨라(밥으 냉기지말구 먹아)

냉게먹다 : 남겨먹다(장사두 너무 냉게먹으면 욕먹아)

냉기다 : 남기다(이익이 남다)

냉기지말구 먹어라 : 남기지말고 먹어라

냉조ㅇ오("ㅇ"음의연철) : 나중에

너래바ㅇ우 : 평평한넓은바위

너머하다 : 너무하다

넌덜난다 : 몸서리난다(데모질하는기 넌덜난다)

넌덜머리 : 싫증(식당일은 넌덜머리나도록 했지)

널 : 板(판자)

널빤데기 : 나무판자

널빤지(표준어) : 판자

네러갈기다 : 내려치다

네러 부었아 : 무척 많이 달렸어(살구가 네러부었아)

네러오미 사무 : 내려오며 전부

네러붓다 : 많이 달려있다(감나무에 감이 네러벗다)

네로-놔 : 내려 놔

네루다 : 내려 놓다

네림바탕 : 내리 막

네-베시 : 별 의심 없이 그냥(네베시 주믄 우떠하나)

넹게배기다 : 넘어져박히다

넹게삐레 : 넘겨버려(통채루 넹게삐레)

넹게제키다 : 넘겨뜨리다

넹기다 : 넘기다

노고네하다 : 노곤하다

노그네하다 : 나른하다(일으좀했더니 노그네하네)

노누다 : 나누다

노다지 논다 : 노상(늘,항상)논다

노다지 : 금광에서 나오는 황금덩어리

노달기 : 농한기

노-리다 : 자르다(콩줄기를 낫으로 노리다)

노-박(노다지) : 거의 대부분(노박 사먹어)

노박 : 노상(늘 항상)

노푸다한데 : 높다한데

녹케가지고 : 녹여가지고

논씀 : 논둑

논씀에 심군콩 : 논둑에 심은콩

놀거리들 : 백수건달

놀구다 : 놀려대다(언나들이 으른을 놀구다니)

놀놀하다 : 만만하다(그정도야놀놀하지)

놀래쿠다 : 놀라게하다

놀램절에 : 눈깜짝 할 사이에(얼떨결에)

농고주다 : 나누어주다(혼자 먹지말고 농고줘라)

농떼ㅇ이 : 농땡이(농떼ㅇ이 치다))

누구낀데 : 누구 것인데

누데기 : 누더기

누케재워라 : 눕혀재워라

누키다 : 누이다(애기 소변을 누키다, 침대에 누키다)

눈까리 : 눈깔(눈의 속된말)

눈꾀비 : 눈곱

눈발떼기 : 눈이 밝은 사람

눈발떼기 : 작은 고기(도랑에 눈발떼기가 엄청 많아)

눈쩔에 : 눈깜짝 할 사이(눈쩔에 해치웠네)

눌-구다 : 약하게 타버리다

눌러앉다 : 한 자리에 계속 앉다

느글거리다 : 느끼하다

느끈거리다 : 탐내다

느끈하다 : 느끼하다

느르베기 : 고무줄 총

느리 : 우박(여름에 느리가 온다)

느물떡거리다 : 느물거리다(음흉하고 능청스럽다)

느물떡 : 얼렁뚱당(느물떡 넘어가지 말구 말을 해)

느슨한기 : 늘어나서 헐렁하다(신발 끈이 느슨하다)

느직히 : 뒤늦게

늘구다 : 잡아당겨 길쭉하게 하다(늘리다)

늘궈준다 : 늘여준다

늘그막에 : 늙어가지고(늘그막에 흉한 꼴 보네)

늘쌍 : 늘 항상

늘쿠다 : 폭을 넓히다

능제ㅇ이 : 명아주

니꺼 : 너의 것

니따구(지따구) : 너따위(대개다 니따구가 했지 누가 했겠어)

니따구가 : 너같은 게

니따구들이 : 너따위 들이(니따구들이 뭘 안다구)

ㄷ

다됀가? : 다되었는가?(시장갈 준비가 다 됀가?)

다구리 : 집단폭행

다구지다 : 다부지다, 야무지다

다꼈다 : 닫혔다

다다하다 : 달콤하다(사탕 맛이 다다하다)

다다한거 : 단것(언나들은 다다한거 좋아하지)

다데기 : 다져서 만든 것(마늘 다데기)

다라 : 대야

다레끼 : 작은 망태기(종다래끼)

다레ㅇ이 : 다랑

다레ㅇ이 : 자투리 다렝이논

다른개 보고 : 다른 사람 보고(다른개 보고 하라고 해)

다리빨 : 다리목(다리빨에서 기다려)

다리꼬베ㅇ이 : 무릎

다믄 울매래도 : 된다면 얼마라도

다믄 울매라두 갚아라 : 성의껏 되는대로 갚아라

다믄 울매래두 받어 줴야지 : 어쨌든 얼마라도 받아 챙겨야지

다비 : 양말(살다비 : 스타킹)

다줄 : 동아줄(다줄으 틀어 그네를 매야지)

다짜베기루 : 다짜고짜(다짜베기루 덤벼드는데 말리지두 못 하구)

단도리 : 탈이 나지않도록 미리 단속하는 것

단동치기(표준어) : 단 한번에

단장 : 당장

단초 : 단추

달개다 : 달래다

달게들다 : 덤벼들다

달게ㅇ이 : 계란

달구 산다 : 데리고 산다(그 사람은 병을 달구 산다)

달그 비 : 며칠 계속 내리는 비(이슬비.가랑비.보슬비.장대비. 달그비.소나기)

달그빼ㅇ이 : 다리

달그장 : 닭장

달리 : 다르게

달-부 어엽네 : 엄청나네(대단하네)

달부 어엽다 : 참 어이 없다(하는 짓이 달부 어엽네)

달어 매다 : 매달다

담 베락 : 담벽(담 베락에 그림을 그렸다)

담-은 얼마라도 : 보탬이된다면 조금이라도

답쎄기 : 집단 폭행(까분다고 여레이 답쎄기 놓았다)

당구다 : 담그다(발을 물에 당구다)

당글다 : 시비 걸다(싸움도 못하는기 당글기는)

당나발 : 터지고 찢어지다(당나발이 났다)

당-초 : 도무지(코빼기가 얼매나 쎈지 당초 말으 들어야지)

당췌 : 도대체(당췌 말이라고는 안 듣네)

당황 : 성냥

대-구 뎀빈다 : 자꾸 덤빈다

대-구 : 되고말구 자꾸

대굴령 말게 : 대관령 꼭대기에

대궁 : 줄기(수수 대공)

대꾸질 : 말 끝에 토를 달고 덤벼드는 짓(대꾸질 하지마라)

대동빚 : 큰돈을 빌리다(대동빚을 내서라도 해봐야지)

대들어서 : 덤벼 들어서

대디림이가 나다 : 옷이비벼대서 피부가 벗겨지다

대뜨방(대방) : 단번에(대뜸)

대룹다 : 쓰리다(살구를 망이 먹었더니 속이 대룹다)

대리미 : 다리미

대밑에 : 대목 밑에(슬 대밑에)

대반에 : 대뜸 곧바로

대비(표준어) : 준비

대소가 : 집안 큰집 작은집(여게는 마커 우리 대소가 소설들이네)

댄바ㅇ아(대뚜방) : 단번에(댄바ㅇ아 해치웠지)

댕게오다 : 다녀오다(처가에 댕게 왔네)

댕겠다 : 다녔다(처갓집에 종종 댕겠다)

댕겠지 : 다녔지

댕기다 : 다니다

댕-기다 : 줄을 당긴다

댕기던데(댕게) : 다니던데(다녀)

댕기러왔다 : 다니러 왔다

댕네 : 아주머니(앞집 댕네가 데우 씨끄루와)

더데기 : 더덕더덕 겹친 것(옷을 더데기로 입었아)

더듬하다 : 어리하다(하는짓이 더듬하기 짝이 없다)

더디다(표준어) : 시간이 걸리고 늦다

덧나다 : 성나다(눈다래끼가 덧나서 앞이안 보이네)

덧짱이 없다 : 기가막히다(일해놓은 꼴이 덧짱이 없다)

덩그렇게 : 높다하게(짚가리가 덩그렇다)

덩덕가치 : 덩그렇게 쌓아올린 것처럼 많이(덩덕가치 이고 간다)

넝쿨 : 덩굴(넝쿨)

데구말구 : 아무렇게

데다본다 : 들여다 본다(가게를 데다보고 가야지)

데더보다가 : 들여다 보다가

데데하게 : 변변치못하게

데루 : 오히려(데루 날보고 뭐라하네)

데우 지랄하네 : 되게 난리치네

데워덥네 : 무척 덥네

데피다 : 데우다(식은 죽을 데피다)

델구다닌다 : 데리고 다닌다

델구와 : 데리고 와

뎀베 : 덤벼

뎀베들다 : 덤벼들다

도라꾸 : 트럭

도랑가집 댕네 : 도랑가집 아주머니

도러치다 : 돌아치다

도마리 : 종점

도-세 : 도무지(도-세 말으 안들어)

도ㅇ우 : 동이(물동이)

도지다 : 재발되다(병이 도지다)

도화지 : 그림 그리는 흰종이

독판 : 혼자 마음대로

돈버짐 : 원형 버짐

돈을 취해오다 : 돈을 꾸어오다

돋구다 : 돋우다

돌각사리 : 돌밭

돌각 산 : 돌밭(옥수수 밭이 돌각산이네)

돌개 바람 : 회오리 바람

돌레야지 : 돌려야지

돌려 존나 : 돌려 주었나

돌아 댕기다 : 돌아 다니다

돌 장광 : 돌이 널려있는 강변 둔치

돌쩌구 : 경첩

동가리 : 동강난 조각(토막)

동고리 : 목말, 무등

동고매다 : 동여매다(보재더거 잘 싸서 동궈 매야지)

동동구루무 : 동동크림

동발 : 받침(기둥으 세울라믄 동발으 받쳐야지)

동사ㅇ아댁 : 동생 부인(동사ㅇ아댁이 곱게 생겠네)

동지미 : 동치미

동철감 : 대봉

돼-서 : 힘들고 피곤해서(되다)

됀 장독대 : 뒤안 장독대

됀 : 뒤안

됀개(된개) : 뒷개

됀봉(된봉) : 뒷봉

되가웃 : 되반(쌀으 되가웃만 사오너라)

되거리 : 물건을 사서 장터에서 다시파는 행상

되곱잡아 : 되잡아

되구말구 : 제멋대로

되로 : 도로, 오히려(먹으라고 줬더니 되로 가지고 왔다)

되-쓰고 : 무릅 쓰고(되쓰고 일으 한다)

되우 많다 : 되게 많다(어디가나 되우 떠들어댄다)

되자나빠지게 : 쓸데없이(되자나빠지게 돌아다닌다)

되잔이 : 쓸데없이(되잔이 쏘댕기지 말구 집에 가거라)

되지게 이뻐졌다 : 무척 예뻐졌다

두가리 : 나무로 만든밥 그릇(바루)

두력(표준어) : 이랑(두렁)

두렁반 : 두리반(둥근 밥상)

두레ㅇ이 : 살이 많이찌다(두렝이가 되었다)

둔노 : 드러누워(드러눕다)

둔노서 : 누워서

둔노 잔다 : 드러누워 잔다

둔덕베기 : 언덕베기

둘데가 없다 : 보관 할 데가 없다

둘러 대다 : 핑계 대다(둘러대지 말고 바르게 말해라)

둘쳐 업다 : 등뒤에다 업다

둥구다 : 교배하다

둥구메ㅇ이 : 둥구미

둥지리 : 둥구미, 소쿠리(감을 둥지리에 담아라)

둬두럭 : 두이랑

뒀다가 : 두었다가(다 못 먹으면 뒀 다가 먹어라)

뒈쓰고 : 뒤집어 쓰고(먼지를 뒈쓰고 일한다)

뒈지다 : 죽어버리다(어디가서 뒈졌는지 오지도 않네)

뒤치다꺼리 : 뒤에서 도움을 주는 일(아들 뒤치닥꺼리 하느라 세월다 갔다)

뒤꿈머리 : 뒤꿈치

뒤루 자뻐지믄 : 뒤로 자빠지면

뒤실럭거리다 : 이랬다 저랬다 뒤뚱거린다(남자가 뒤실럭거리면 안된다)

뒤잡히다 : 뒤집히다

뒤통세ㅇ이 : 뒤통수

뒷감당도 못하는기 : 책임있게 마무리도 못하는 것이

드러가미(오미) : 들어가면서(오면서)

드름네 : 집들이

드세다 : 억세다

득달하기 힘들다 : 벌어서 지탱하기 힘들다

든내 놓고 : 풀어 놓고(개를 든내 놓고 키운다)

든내 놓다 : 잡아두지 않고 내 놓다

든내-놔 : 자유스럽게 놓아두다

들구뛴다 : 마구 뛴다

들구패다 : 두드려 패다

들케서 : 들켜서

들크무레 : 달큰하다(설탕을 넣으니 들크므레 하다)

들큰하다 : 들큼하다

등강 : 언덕

등거리 : 덩어리(나무 등거리가 크다)

등게 : 등겨(벼 껍질)

등게ㅇ이 : 등강(등겡이)

등떼기 : 몸통뒤 등

등신(표준어) : 어리석은 사람(등신같은게 심부름도 못하나)

등어리 : 등(지개를 등어리에 지고)

등짜베기 : 등짝

디레 놓다 : 들여 놓다

디루워 : 더러워

디룹다 : 더럽다

디르워지다 : 더러워지다

따개다 : 가르다(째서 벌리다)

따껑 : 뚜껑

따듬다 : 다듬다

따름마 : 혼자 서기(돐 지난 아이가 따름마를 잘한다)

따배 : 반시

딱아 세우다 : 면전에 대놓고 말하다(못된 사람을 딱아세웠다)

딱제ㅇ이 : 상처가 아물어 붙은 딱지(딱젱이)

딱하네 : 한심하네(하는 짓이 참 딱하네)

딴걸 : 다른걸

딸따리차 : 경운기로 개조한 짐차

딸코내다 : 따라잡다(앞사람을 딸코내서 일등했다)

딸코주다(딸쿠다) : 따라주다(술을 딸궈주다)

땀바구 : 청래미덩굴, 망개

때개다(째개다) : 따개다

때구와 : 따가워(주사바늘 찌를 때 때구와)

때까리 : 색상(저고리 때까리가 곱다)

때꺼리 : 식량(먹거리)

때레 먹자 : 실컷 먹자

땐땐하다 : 딴딴하다

땜빵 : 대타로 채우거나 일을 함

땜제ㅇ이 : 땜질하는 사람 (땜젱이)

땡게 앉다 : 당겨 앉다

땡-기네 : 먹고 싶은 의욕(수박이 땡기네)

땡기다 : 당기다(줄을 댕기다)

땡기키다 : 땡기다(의욕이 나다)

땡이 : 둥근 와셔(둥근 엽전)

떠내 밀다 : 떠밀어 내다

떠내 보내다 : 떠나 보내다

떠뒹기다 : 떠밀어 내다

떠레미 : 모두다 없앴다(떠레미 했다 ,떨이했다)

떡 가보니 상다리가 뿌질고지도록 바웠드라 :
어쩌다 가보니 상다리가 부러지도록 차렸드라

떡으 짤라서 조청으 바르다 : 떡을 잘라서 물엿을 묻히다

떤제 : 던져

떨레나다 : 쫓겨나다

떼거리 : 무리(떼거리로 몰려와)

뗀마 : 작은 나무배

뗑깡 : 분풀이 행패(안되면 뗑깡을 놓는다)

또바리 : 또아리(똬리)

똑떼기 해 : 똑똑히 해

똑떼기 : 똑똑히

똥구레미 : 동그라미

똥깨망깨 : 되고말고

똥뺄나게 : 아주별나게

똥짜바리 : 똥구멍부위(엉덩이)

똥쪼우 : 갱지

뙤가자 : 뛰어 가자

뚜가리 : 뚝배기(장뚜가리)

뚤버서 : 뚫어서

뚤피다 : 뚫리다

뛔간다 : 뛰어 간다

뛔라 : 뛰어라

뜨구와 : 뜨거워

뜨네기 : 떠돌이

뜨럭 : 방문앞 신발 벗어놓는 흙으로 만든 단

뜨세 : 따스해

뜨세 먹자 : 데워 먹자

뜨세서 : 따뜻해서(구들 아랫묵이 뜨세서 좋다)

뜨신물 : 더운 물

뜨신밥 : 따뜻한 밥

뜯거지낭그 : 마르고 삭은나무(뜯거지 낭그로 불으 지페)

뜸북장 : 청국장

띠케가지고 : 떼여가지고

ㄹ

라이타 : 라이터

라지오 : 라디오

리야까(니야까) : 리어커

ㅁ

마구재비 : 마구잡이

마놔 : 모아 놓아

마데ㅇ이 : 탈곡, 타작(베 마데ㅇ이)

마 둬라 : 모아 두어라

마들다 : 쉽게 줄어들지 않는다(참나무 장작이 마들게 탄다)

마딱뜨리다 : 마주치다(마딱뜨리면 우떠 할라구)

마아러 : 무엇하러

마롱 : 마루

마롱으 밴질밴질하게 따꺼서 공중나가 자빠져짠쏘 :
마루를 반질반질하게 닦아서 뒤로 넘어졌어요

마빠구 : 이마

마-새 : 말썽(동내일에 마새가 생겨서)

마세 : 마셔(한번에 다 마세)

마수거리 : 첫 거래(오늘 마수거리 했네)

마시워라 : 맛있어라

마실 으르신 : 마을 어르신

마실 : 마을

마실게 : 마을에

마ㅇ이 자시게 : 많이 드시게

마아 : 모아

마-이 : 많이

마주 가져가 : 마저 가져가

마주 먹아 : 남김없이 먹어

마지못해 : 할 수 없어

마찔하다(무찔하다) : 묵직하다

마체 : 마쳐

마치맞다 : 알맞다

마커 : 모두(우리 마커 커피 주우야)

마틀거린다 : 작거나 조금커서 잘 맞지 않는다(기둥감이 마틀거리네)

마한늠들(매핸놈들) : 못된 놈들

막걸리 한 자박지 : 막걸리 한 바가지

막네ㅇ이 : 막내

만고 쓸데없는 놈 : 아무데도 쓸데없는 사람

만제 : 만져

말퉁기 : 땅따먹기 할 때 손가락으로 튕기는 말(말퉁기 놀이)

말광대 : 곡마단 광대

말궈들이다 : 적셔들이다

말두말아 : 말할 것도 없어

말두모해 : 말도 못해

말라ㅇ아서 : 꼭대기에서

말-랑 : 꼭대기(정동진 산말랑에 배가 께 올라가 앉았짠쏘)

말랑에 오르다 : 꼭대기에 오르다

말잿집 : 막내 집

망금 : 방금, 이제막

망후다 : 망하게하다

맞전 : 현찰(맞전을 가지고 사가시오)

매가리(맥사가리) : 힘(매가리가 없는게)

매굽다 : 연기가 맵다

매께 놨더니 : 맡겨 놓았더니

매끼다 : 맡기다(금반지르 전당포다 매끼구 웃전으 보태서 찾았짠쏘)

매냥끈 : 마음껏(매냥끈 놀다가 와서)

매다(표준어) : 풀을 뽑다(밭을 매다)

매닥질 : 엎질러 문대다(농사일을 혼자 매닥질 치고있다)

매데기친다 : 이겨내지 못하고 엎지른다(쉬운 일인데도 매데기 치고있다)

매디 : 마디

매련 읎어요 : 형편없어요

매른없다 : 형편없다

매사 : 하는 일마다

매ㅇ해서 : 나쁘거나 좋지않다

매ㅇ했다 : 나쁘다

매케서 못간다 : 막혀서 못간다

매케하다 : 매연 냄새가 난다(매케한 연기가 꽉찼다)

매했다 : 나쁘다(하는 짓이 아주 매했다)

맥나게 지두르다 : 맥빠지게 기다리다

맥사가리 : 힘

맥이나다 : 힘이 빠지다

맥이난다 : 힘이 빠져 의욕이 없다

맥케 산다 : 얽매여 산다(처가에 맥케 살고 있다)

맥히다 : 막히다(물구녕이 맥혀서)

맨 그런것들이 : 전부 그런것들이

맨재갈 뿐이구만 : 거의대부분 자갈뿐이구만

맨걸로 : 양념을 하지 않고

맨걸루 먹어치우다 : 양념조리를하지않고 그냥 먹어치우다

맨날 : 매일

맨다지 : 아무것도 걸치지 않고

맨땅 : 맨 바닥

맨싸데ㅇ이 : 맨몸뚱이(추운데 맨싸뎅이로 다니면 우떠하재)

맨적거리다 : 만지작 거리다

맨제기 : 융통성이 없고 어리석음, 쑥맥(맨재기라 아무것도 할 줄 모른다)

맨제보자 : 만져보자

맨지다 : 만지다

맹글다 : 만들다

맹물 : 맨물(술이아니라 맹물이네)

맹숭맹숭 : 맨숭맨숭

맹판 : 아무것도 없이(돈두없는기 맹판으로 장사에 뎀베드렀아)

머리께ㅇ이 : 머리카락(머리껭이)

머슴아 : 사내아이(머스마들아 좀 통크게 놀아라)

머ㅇ이(메ㅇ이) : 먹이(닭머ㅇ이를 준다)

먹구 수워서 : 먹고 싶어서

먹으믄 : 먹으면

먹초 : 귀머거리

먼지 꾸데ㅇ이 : 먼지 구덩이(먼지 꾸뎅이)

먼지투베기 : 먼지투성이

멀대 : 멍청이(멀대 같은 사람)

멀대 : 볼품없이 키가 큼

멀찌가니 : 멀리 떨어져

멋대가리 : 유머(재미 대가리-멋대가리 없는 사람)

멍석을 페다 : 멍석을 펴다

멍애 : 멍에

메게보내다 : 먹여보내다

메게주고 : 먹여주고

메꿔 : 메워(메우다)

메뜽강 : 묘가 있는 산 언덕

메레치 : 멸치

메ㅇ이 : 모이(닭 멩이를 줘야지)

메ㅇ이가 안된다 : 깜(자격)이 안된다

메우키다 : 메워지다

메지다 : 미어터지다

멕살 : 멱살

모각지 : 모가지

모강지(모각지) : 모가지(목)

모게ㅇ이(옛“ㅇ”음의연철) : 모기(모겡이)

모깡 : 목욕(모깡통)

모둘매 : 집단폭행(모둘매 맞았다)

모둬서 : 모아서

모랫-불 : 모래사장(해변)

모레ㅇ이 : 모퉁이

모른대두 : 모른다니까(모른대두 그러네)

모새골 : 모시골

모세오다 : 모셔오다

모안이굴 : 못안이 골(못안골-못올-모솔)

모예 : 모여(우리집에 마커 모예)

모재 : 모자

모재레 : 모자라

모조리(몽조리) : 모두

모토가지고 : 모아 가지고

목다리 : 목줄(강아지 목다리)

목칭기 : 목침

몬재리다 : 모자라다

몰개 : 모래(몰개바람)

몰개바람 : 모래바람

몰레댕기네 : 모여 다니다

몰레댕기미 : 몰려 다니며

몸떼ㅇ이 : 몸뚱이

몸뺑이 : 일바지(밭에 갈땐 몸빼ㅇ이르 입어야지)

몸써리나게 : 싫증나서 보기싫게

몸썰나게 : 몸서리나게

몸푸 : 몸통 둘레(전나무 몸푸가 굵다)

못올(모솔) : 못골

몽낫으로 낭글 죄기다 : 목낫으로 나무를 조기다

몽낫 : 나무자르는 낫(목낫)

몽데ㅇ이 : 몽둥이(몽뎅이)

몽조리(몽지리) : 몽땅, 모두

몽지리 : 모조리

몽창 : 몽땅

몽탁하다 : 작다

무-쏘드레기 : 무말랭이

무거리 : 체로 거르고 남은 찌꺼기(두부 무거리가 비지가 아닌가)

무구와 : 무거워

무노리치다 : 습기차다(장마철 밭에 무노리치면 풀이 매른없다)

무논(무자리) : 물이 있는 논

무닥데기 : 마구잡이

무대뽀 : 무지막지하게

무데기 : 무더기

무때노쿠 : 무턱대고

무릎패기 : 무릎팍

무릎페ㅇ이 : 무르팍(무릎펭이가 아파서)

무수와 : 무서워

무심절에 : 무심결에

무-쏘드레기 : 무-말랭이

무자리(무논) : 물이 고인 곳

무져 놓다 : 쌓아 놓다

무지하게 개루와 : 무척 가려워

무지하게 많다 : 무척 많다

무지하게 : 무식하게

문구녕 : 문구멍

문대다(문닥거리다) : 비벼대다(등떼기를 벽에다 문닥거리지 말고)

문데비 : 먼지(빗자루질하니 문데비가 매른 없네)

문데ㅇ이 같은게 : 꼴보기 싫은게(문뎅이)

문데ㅇ이 : 나병환자

문백께 : 문밖에

문-쪼우 : 문종이(한지)

문찌방 : 문턱,

물도옹우 : 물동이

물베끼없다 : 물밖에 없다

물꾸비 : 물이 굽이치는 곳

물러 앉아 : 비켜 앉아

물물이 : 시시때때(옷 모양이 물물이 달라지네)

물미 : 문장 이해력, 문미(물미가 터지면 이해가 쉽다)

물외 : 오이

물이 알루 간다 : 알(川) (물이 내(川)으로 간다) ★알-내-천(川)

물죄먹고 산다 : 물만 마시고 산다

물-쿠다(올쿠다) : 샀던 물건을 도로 반환하다

물쿠다(물크다) : 젖은 신발을 신었더니 발바닥이 물쿴다)

물쿠덩하다 : 물렁하고 쿨렁하다(곰치국의 물곰이 물쿠덩하다)

뭇대놓고 : 무턱대고

뭉개 앉다 : 푹 주저 앉다

뭉쉐ㅇ이 : 버무리떡(뭉쉥이)

뭉테ㅇ이 : 뭉쳐진 덩어리

뭐이 그따구나 : 뭐 그지경이냐

뭐이 : 무엇이

미구온다 : 메고온다

미깔그 : 밀가루

미꽐시룹다 : 밉상스럽다

미다지 : 밀어서 닫는 문(여다지-열고 닫는 문)

미데기 : 해일(쓰나미보다 훨씬 정겨운 순우리말이다)

미역감고 논다 : 물놀이 한다

미주와리 : 밑창(장단지 미주와리가 빠졌다)

미처 생각 모하고 : 바로 생각이 미치지 못하고

미추렇다 : 마르고 크다(키가 미추렇다)

미출하다 : 길게 쭉 빠졌다

민경(표준어) : 거울

민주 대다(표준어) : 몹시 성가시어 힘들다

민주를 댔다 : 귀찮아 혼났다(손님 때문에 민주를 댔다)

밍구스럽다 : 민망스럽다

밍구시루와 : 챙피스러워

ㅂ

바- : 밧줄(짐을 바-로 단단히 묶어라)

바구미 : 바구니

바깥 양반 : 주인 남자(바깥 양반이 어디 갔오)

바꼬 줘 : 바꾸어 줘

바꼬치기 : 바꾸어 오기(선수를 바꿔치기해서 후반을 뛴다)

바꾸 : 바퀴

바꾸키다 : 바뀌다

바람제ㅇ이 : 바람둥이

바래다 : 바라다

바래러 가다 : 마중 나가다(유치원 애들 바래러 가야지)

바뿌재 : 바쁘지

바우 : 바위

바우다 : 음식을 장만하다(잔치 음식을 바우다)

바잠마 : 잠옷

바잣문 : 싸리문

바지가레ㅇ이를 늘쿠면 입을 수 있싸 : 바지 폭을 넓히면 입을 수 있다

바지랑 장대 : 빨래 줄 고임대

바찔로 : 발길질로(바찔로 차다)

반나절 : 오전 또는 오후동안(반나절만 일으 했싸)

반데기 : 넓적하게 눌러 놓은 것 (미까루 반데기)

반물레기 : 덜익은 홍시

반부데기 : 반쯤 건조한 것

반제기 : 생산한 것을 반으로 나누기

반짓고리 : 바느질함

반쪼가리 : 반조각, 반쪽

반페ㅇ이 : 반건달(그남자 반펭이구만)

발꼬락 : 발가락

발뒤꿈머리 : 발뒤꿈치

발랑 까지다 : 까 바라지다(너무약다)

발목을 자불뜨리다 : 발목을 삐다

발목제ㅇ이 : 발목

발방아 : 디딜방아

발으 물에 당구다 : 발을 물에 담그다

발코 가지고 : 바르게 펴가지고

발쿠다 : 바르게 펴다(못을 발쿼서 쓴다)

발페서 : 밟혀서

밤 한꼬세ㅇ이 : 밤 한송이

밤꼬세ㅇ이 : 밤송이

밤으패다 : 밤새우다

밥풀 : 밥알

방구리 : 방울(콧방구리)

방깐 : 방앗간

방메ㅇ이 : 방망이

방아를 쩨서 : 방아를 찧어서

방치다(떠들어방치다) : 떠들어 치다

밭 두덕 : 밭 둔덕

밭 가셍이 : 밭가에

밭 도구 : 밭 도랑(도구를 쳐올리다)

밭을 매다 : 밭에 풀을 뽑다

배게 내나 : 견디어 내나

배기다 : 박히다(돌이 배기다)

배-긴다 : 바닥이 딱딱하여 불편하다(배게서 못 앉겠다)

배꼽 뺏잖는가 : 무척 우수웠잖는가

배꼽 잡았다 : 무척웃었다

배남목제ㅇ이 : 梨木亭(큰 배나무가 있는 곳)

배지가 부르면 : 배가 부르면(배의 속어)

백께서 : 밖에서

백지알 : 사람이 많이 모이다(단오장에 사람이 백지알이다)

백지알이다 : 많이 널려있다

밴밴하다 : 반반하다

밸개서부터 : 어려서부터

뱃구레 : 배둘레(밥을 많이 먹어 뱃구레가 커졌다)

뱃창지 꺽었다 : 무척 우수웠다(우수워서 뱃창지 꺽었다)

버강지 : 부엌 아궁이

버덩 : 넓은 들판

버들게ㅇ이 : 버들치

버레기 : 시루처럼 생긴 큰 오지 그릇(홍시를 버레기에 담아놓다)

버르장머리 : 버릇(버르장머리 없는 사람)

버르제ㅇ이 : 버릇

버서 : 부어서(다리가 버서)

버ㅇ이해간다 : 바삐간다

번걸루 : 돌아가며(번걸루 메친다)

번걸치기 : 번갈아가며

번지믄 : 퍼지면

벌사냥 : 천지사방으로 돌아치는 것(벌사냥을 하고 다닌다)

벌거지 : 벌레(나무에 벌거지가 말두 모해)

벌건 대낮에(표준어) : 훤한 한 낮에

벌건데ㅇ이로 든내놓고 키웠다 : 벌거벗은 채 들어내 놓고 키웠다

벌건데ㅇ이로 : 발가벗은 채로

벌떼가 넓다 : 펼쳐진들의 면적이 넓다(보리밭 벌떼가 넓다)

벌렁 자빠져서 : 뒤로 벌렁누어서

벌창 : 온 사방으로 엎질러 쏟아짐 (온 사방에 벌창으 했다)

벙걸치기 : 서로 돌려가며

벙이하게 : 부지런하게(벙이하게 간다)

벅 : 부엌

베갠니끼 : 베개 씌우개

베람싹 : 벽채(베람싹에 기대어)

베람싹에다 문대 : 벽에다 문질러

베레벨꺼 : 별에별것

베루 : 벼루

베루기 : 벼룩

베르다 : 벼르다

벤두리 : 변두리

벨루 : 별로(벨루 대단치두 않은게)

벨메ㅇ이 : 별명(벨멩이)

벳가리 : 볏 더미

벳광이 : 볏 광이

변을 누키다 : 변을 보게하다

병창 : 절벽(어낭)

보둑솔 : 어린소나무

보명개 : 보드라운 모래

보재 : 보자기

보재-더거 : 보자기에다가

보재맞이 : 혼례나 상례후 답례하는 행사

보태기(표준어) : 더하기

보태다 : 더붙여합치다

보프름 : 보푸라기

보해 : 천

복상 : 복숭아

복상씨 : 발목 옆에 튀어나온 북사 뼈

복새 : 장마에 흘러내린 모래

복새가 쌓이다 : 장마에 흘러내린 모래가 쌓이다

복새구데ㅇ이 : 폭우에 모래가 밀려와 쌓이는 곳

복장에 세서 : 복판에 서서

복장에서 : 한가운데서(한복판)

복짓개 : 밥사발 뚜껑

볶아친다 : 설쳐댄다(얼매나 뽂아치는지 정신이 없다)

본새그래 : 본래그래

본새 : 원래

본시 : 본래

본토베기 : 토박이(나는 강릉 본토베기야)

볼래부터 : 원래부터

볼쌍사납다 : 보기 않좋다

볼테기 : 빰(볼)

봄 나믄 가야지 : 봄이 지나면 가야지

봉개 : 제사, 잔치음식을 싼 봉지

봉다리 : 봉지

봉두 : 가득 담다(쌀으 봉두로 주었다)

봐 논기 있다 : 보아 놓은 게 있다

봔가? : 봤어요?

뵈케주다 : 보여주다

뵈키다 : 뵈이다

부젓까락 : 화로불 젓가락(부저)

부닥치다 : 부딪히다

부대끼다(표준어) : 피곤하거나 귀찮게한다

부뜰어 매다 : 붙잡아 매다

부레기 : 튀어 나온곳(월대산 부레기에 집을 지었다)

부레 먹다 : 일을시켜 먹다

부살기 : 불 쏘시개(부살기는 소갈비가 최고야)

부세ㅇ이질 : 성화(부셍이질)

부지께ㅇ이 : 불 작대기(부지껭이)

부해거리 : 화근거리(한부해 거리다)

부해나다 : 부아나다

부해난다 : 부아(화)가 난다

북새통 : 시끌시끌하고 혼잡함(시장에 사람들이 북새통을 이루었다)

북세기 : 많이모여 혼잡함(단오장에 사람들이 북세기 친다)

북세기치다 : 혼잡스럽다(손주들이 와서 북세기치다 갔다)

분사머리 : 생각없이 하는 짓거리(분삿머리 없이 일한다)

분수없이 : 생각없이

불기 : 상추

불러제게 : 불러 세우다(청문회장에 불러 세우다)

불안당 : 양심없는 떼거리(불안당같은놈)

불을 지페 : 불을 지피다

붉히지 말고 : 화를 내지 말고

붕그렇게 : 봉긋하게

비개 : 베개

비까번쩍 : 아주 멋지게

비네 : 비녀

비다 : 베다(베개를 비구 잔다)

비스가니 : 비스듬히

비영비영하다 : 몸이야위고 어리하다(비영거리지말고 비켜라)

비우가좋다 : 비위(넉살)가좋다

비자와 : 비좁아

비캐 : 비켜

빈걸루 : 빈손으로

빈달(비알) : 비탈

빈달배기 : 비탈배기, 언덕

빌레오다 : 빌려오다

빌미 : 문제를 일으키는 원인(빌미를 주면 안되는데)

빙기다 : 비기다

빠닥조우 : 빳빳한종이

빠달구다 : 내쫓다

빠들쿠다 : 반듯하게 펴다

빠추다 : 빠뜨리다

빡시다 : 힘이세다

빧지 : 빧빧하게 접은 딱지

빨간데ㅇ이 : 벌거숭이

빳지치기 : 딱지치기

빵꾸 : 구멍이남,펑크

빼꼼이 : 눈이작은 사람

빼다지 : 서랍

뺀뺑이 논다 : 뺀질거리며 논다

뺀질거리민서 얄그작거리네 : 열심히 일은 안하고 딴전부리네

뺌짜ㅇ우 : 질경이

뺑그랑 : 뺑글

뺑글뺑글 돌레 : 빙글빙글 돌려

뻐그네하다 : 뻐근하다(근육이 뭉쳐서 묵직하다)

뻐카니 서있지 말구 : 그냥 우두커니 서있지 말고

뻔히보민서 못찾나 : 옆에 두고 보면서 못찾나

뻣대다 : 마주하고 버티다

뻬깡세ㅇ이 : 바짝 마른사람(뻬깡셍이)

뻬깡체ㅇ이 : 바짝 마른 사람

뻬께쌌다 : 꼭 닮았다(너는 애비를 꼭 뻬께 쌌다)

뻬둘가지 : 부스럼, 종기(흔디)

뻬르 발레가미 먹아 : 뼈를 발려가며 먹어

뻬죽하게 : 특별나게

뻬지다 : 삐치다, 토라지다(크단놈이 삐지기는)

뻬창코르 만들다 : 코를 납작하게 하다

뻭다구 : 뼈다귀

뼁끼 : 페인트

뽀라지 : 뺨(귀뽀라지를 맞았다)

뽀세ㅇ이 : 깻가루

뽁아친다 : 바쁘게 돌아친다

뽁제ㅇ이 : 복어

뽄 : 기본 틀

뽄때 : 본보기(뽄때를 보여줘야 돼)

뿌꾸대다 : 부수다

뿌덕하다 : 반건조 상태(오징어를 뿌덕하게 말린게 맛있다)

뿌레기 : 뿌리(소낭그 뿌레기에 혹이 달렜다)

뿌시레기 : 부스러진 조각

뿍데기 : 껍질, 북데기(콩마뎅이하고 뿍데기는 소먹이를 한다)

뿔구다 : 불리다(콩을 물에 뿔구다)

뿔따구 : 노여움

뿔뚱가지 : 심술통

뿔찌리한 옷 : 불그레한옷

삐뚤렁하게 : 삐딱하게
삐뚤렁하다 : 비뚤다

ㅅ

사그제ㅇ이 : 사기그릇 장사(사그젱이)
사금파리 : 사기그릇 조각(사금파리로 말퉁기를 맹그러서 놀았다)
사나들 : 사내들
사달이 나다 : 탈이 나다
사등삐 : 소등뼈
사마구 : 사마귀
사무 그렇네 : 전부 그렇네(해놓은 꼴이 사무 그렇네)
사-무 : 사뭇, 거의 대부분(전부)
사-와 : 사오다(사오세요)
사죽을 못쓴다 : 너무 좋아 어쩔 줄 모른다(공짜라면 사죽을 못쓴다)
사타구니(속어) : 허벅지
사흘도리 : 3일 간격으로 계속(술집을 사흘도리로 드나든다)
산꼬데ㅇ이 : 산꼭대기
산 도리 : 부분적으로 내리는 지나가는 비(산 쪽으로)

산-고랑 : 산-골짜기

산 구베 : 산굽이(산구베가 높아서 힘들다)

산떼미 : 산더미(일이 산떼미처럼 쌓였다)

산뜽강 : 산비탈

산-부레기 : 산모서리(산부레기에다 집을 지었다)

산삐알 : 산비탈(산삐알 밭에 옥수수를 심었다)

산지슭 : 산기슭

산테미 : 삼태기

살고줬다 : 살려줬다(할미새를 잡았다가 살고 줬다)

살고주다 : 살려주다

살매들다 : 역마살이 끼다

살머친다 : 돌아친다(짓삼다)

살살맨다 : 쩔쩔맨다

살양말 : 스타킹

살페 가시우야 : 살펴가세요

상구두 : 아직도(상구두 낮쎄요)

상당하다 : 대단하다(오래되다, 많다)

상방 : 윗방(어릴 때 상방에서 놀았다)

새신비 : 새신부

새간에 : 사이에(새간에 끼워 너어)

새네ㅇ이 : 山竹언덕-숲(山篁)에 새로 만든 마을이름

새닥 : 새색시(새닥이 음천하게 생겼네요)

새루하다 : 다시하다(되베를 새루하니 새집 같다)

새복 : 새벽(새복에 장보러 간다)

새치 : 임연수

새풀 : 억새

샛쩨 : 왕겨

생다지로 : 살아있는 채로

생게 먹기를 : 타고나기를(태어나기를)

생광스럽다 : 아쉬울 때 주어지는 감사한 일

생짜배기 : 아무것도 처리한 것 없이

생짜베기 : 익히지 않은 날것

서거리 : 아가미 덮(명태 서거리 반찬)

서ㅇ으 쎄기고 : 인내하고 참고 견디다

선상님 : 선생님

선선하다(표준어) : 서늘하고 시원하다

섣부르게(표준어) : 함부로

설두(표준어) : 앞에서 주선하다(설두하다)

설라무네 : 그러니까,그러므로

설베미 : 설빔

설설기다 : 쩔쩔매다

설어치우다 : 헐어치우다

섭 : 홍합

성크렇다 : 헝크러지고 뻗쳐있다(머리카락이 성크렇게 내 뻗혔다)

서ㅇ으쎄기다 : 참고견디다

세 : 혀

세가빠지게 : 혀가 나오도록 힘들게

세구지게 : 힘들게 열심히

세까래 : 석가래

세바리 : 세마리

세사ㅇ아두 : 세상에나

세서 못먹어 : 시어서 못먹어

세서먹다 : 서서먹다(의자가 없어서 세서 먹었네)

세아리다 : 헤아리다

센뻬ㅇ이 : 새것

셋가락 : 섯가래

셋바늘 : 혓바늘

셋빠닥 : 혓바닥

셍기다 : 섬기다

소갈머리(속알 머리) : 좁은 생각(소견)

소갈비 : 솔잎낙엽(소갈비르 끌어다가 부살기하면 최고야)

소금제ㅇ이 : 잠자리

소께ㅇ이 : 관솔

소꼴기 : 누룽지

소독하다 : 소복하다(참깨씨르 소복하게 마났아)

소두베ㅇ이 : 솥뚜껑(소두벵이에다 감재적으 지져 먹었아)

소디끼 : 누룽지

소래기 지르다 : 목청을 높여 큰 소리치다

소래기르 지르미 : 소리를 지르며

소레기 : 큰소리(소레기 지르지 마라)

소리개 : 솔개(소리개가 날면 병아리가 도망간다)

소솔 : 식구(그 집은 소설이 데워 만아)

소지 : 청소(오늘 대청마루 소지를 했아)

소캐방메ㅇ이 : 솜방망이

손쎄라 : 손씻어라

손꼬락 발꼬락 : 손가락 발가락

손꼬락질 : 손가락질

손떡지 : 손두께(손떡지가 곰을 닮았다)

손 시루와 : 손 시려워

손이 시루와 : 손이 시려워

손잽이 : 손잡이

솔기 : 모서리(저고리 솔기 낡아서)

솔올(소롤) : 솔골(소나무 골)

송아리 : 소나무가지

송장헴 : 배영

쇄서 : 목질이 생겨서(참나물이 쇄서 못 먹어요)

쇠고삐ㅇ이(고삐) : 소 코뚜레에 걸은 밧줄

쇠빽다구르 과서 : 소뼈다귀를 고아서

쇠 가자 : 쉬어 가자

쇠게 먹다 : 속여 먹다

쇠꼽 : 쇳 덩이(쇠꼽을 줘다가 엿바꿔 먹엇다)

쇳다 : 쉬었다

쇳대 : 열쇠

수구러지다 : 가라앉다(좀 나아지다)

수구레 : 숙여,

수구리다 : 숙이다(고개를 수구리고 다녔다)

수그러든다 : 가라앉는다(데모가 좀 수그러들었다)

수네기 : 나무 순(크게될 낭근 수네기부터 다르다)

수더부레하다 : 소탈하다, 수수하고 무던하다

수데기 : 알차고 좋은 것

수레기 : 수렁(수레기 논에 골벵이가 많아)

수수 부끄미 : 수수 부침개(전)

수태 빠졌다 : 아주많다

수태 빠진기 : 숱하게 많은 것이

수푸렁 : 수풀

수풍 : 파상풍

순데ㅇ이 : 순한 사람(순뎅이)

숫기탄다 : 부끄러워한다(부끄럼을 탄다)

숭년 : 흉년

숭악하다 : 양보가 없고 영악하다

숭칙하다 : 흉측 하다

숭한다 : 흉을 본다

숱해 마나 : 숱하게 많아

쉐 가자 : 쉬어가자

쉐 가다 : 쉬어가다

슨다 : 무대에(선다)

슨잠 : 자다가 일어난 덜 깬 잠 (선잠, 개잠, 새잠)

슫 달 : 섣달

슬 시러 : 설 세러

슬 아래 : 설이 지나고

슬그머ㅇ이 : 슬그머니

슬다고 : 서럽다고

슬슬 게-나온다 : 살살 기어 나온다

슬 시우야 : 설 쉽니까(음력 슬 시우야)

슬 아레 : 설 지나기 전에(슬아래 온단다)

슴이 들다 : 철이 들다

승 : 성(김,이,최,..등)

승깔머리(승질머리) : 성질머리

시굴창 : 시궁창

시굽다(시구와) : 시다

시그루와 : 시큼해라(꽤가 되지게 시그르와)

시그릅다 : 시큼하다

시나미 해라 : 천천히 해라

시나미 : 천천히(시나미 가자)

시남해서 : 쉬어가며

시늠히 : 천천히(시늠히 가자)

시다끼다 : 시달리다

시루와 : 시려(손이 시루와)

시방(표준어) : 지금

시방도 : 지금도

시시껍적하다 : 시시껄렁하다

시적시적 : 천천히

시쭉웃다 : 히쭉웃다

시-큰 : 실컷

신-질루 : 잽싸게 쏜살같이(도둑눔이 신질루 도망쳤다)

실공 : 시렁, 천장 밑 선반(안방 실공위에 얹어놓은 반지그릇)

실괘 : 과일(제사상에 올릴 실괘를 준비해라)

실-난질 : 실랑이질

실럭실럭 : 천천히 시적시적

실레ㅇ이 : 실랑이(실렝이)

실리케가다 : 실려가다

실-이 : 열심히(운동을 실이 하지 않는다)

실찌로 : 실제로

실큰 먹었지 : 실컷 먹었지

실하다 : 굵고 크다
심-가작 : 힘닿는 대로
심구다 : 심다(식목일날 낭그를 심구다)
심다리 : 넓적다리(대퇴부)
심당구 : 피멍 (심당구가 들었다)
심대로 : 힘대로
심들다 : 힘들다
심자랑 : 힘자랑
심줄 : 힘줄
싱거운 사람 : 쓸데없는 행동이나 말을 하는 줏대 없는 사람
싸구리 : 싸구려
싸구지다 : 고소하다(까불다가 맞았다니 참 싸구지다)
싸그리 : 깡그리(표준어)
싸드름하다 : 약간쓰다(개드릅은 맛이 싸드름하다)
싸리께ㅇ이 : 싸릿가지
싸무르와 : 사나와(사납다)
싸우 : 사위
싸지르다 : 마구 돌아친다(싸지르고 다닌다)
싸지르다 : 불을 함부로 붙이다(불을 싸지르다)
싹다리 : 삭거나 썩은 나뭇가지)
쌀남박 : 이남박
쌈 : 싸움

쌈박질 : 싸움질

쌈지돈(표준어) : 깊이 싸놓은 돈(주머니속의 돈)

쌍판데기 : 얼굴

쌔금질 : 새김질

쌔레눕헤 : 때려눕혀

쌔레부었다 : 무서운게 없다(간이 쌔레 부었다))

쌔무지다 : 야무지다

쌔베렜다 : 흔하다

쌔-비다 : 훔치다

쌔우치다 : 서둘러재촉하다(쌔우치지 않으면 더디다)

쌨-아 : 많아(그런거는 쌨아)

써개 : 서캐(이의 알)(내복겨드랑에 써개가 말두모해)

써그럭 거리다 : 서걱거리다

써그새 : 삭은 짚 또는 억새

썩감재 : 썩은 감자

쎄구지다 : 꿋꿋하다(쎄구지게 일을 한다)

쎄-라 : 씻어라

쎄부지게 : 다부지게

쎄부지다 : 단단하고 힘이있다

쎄서 널다 : 씻어 널다

쎄요 : 씻어요

쏘내기 : 소나기

쏙새 : 씀바귀종류(뿌리채소)

쌕쇄기 : 전투기(제트기)

쐬기다 : 속이다

쐬미 : 수염

쐬주 : 소주

쐬키다 : 쏘이다

쑤들구다(쑤들쑤들하다) : 말리다(햇빛에 쑤들구다)

쒜미 : 수염

쒸석거리다 : 쑤셔대다

쒸세 : 쑤셔

쓰닥거리다 : 비벼대다(문대다)

씨몽살 : 씨몰살(낭게 불이붙어서 개미가 씨몽살 했아)

씨가리 : 사람, 떼거리(씨가리가 많아야 이기지)

씨게ㅇ이 : 씀바귀(씨겡이)

씨구뚱하다 : 시큰둥하다

씨구와 : 쓰거워

씨굽다 : 쓰다

씨껍하다 : 식겁하다(혼나다)

씨꽈하다 : 시큰둥하다(앉아있는기 영 씨꽈하다)

씨꾸다 : 다투다, 언쟁하다

씨꿈도 안해 : 꿈적도 안해(아무리 야단쳐도 씨꿈도 안해)

씨끄루와 : 시끄러워

씨끔도 안해 : 별로 놀란기색이없이 움직이지 않음

씨뚝거린다 : 일관성이 없이 이랬다저랬다 한다(씨뚝거리지말고 해)

씨머거리 : 지겨워 죽을지경(씨머거리 나도록 들었다)

씨몽살 : 씨몰살

씨물덕한다 : 모르는척 시치미 뗀다

씨버레댄다 : 떠들어댄다(지즈바들이 되지게 씨버레대네)

씨버리다 : 떠들다

씨벌럭대다 : 떠들어대다(씨버려대다)

씨케먹자 : 시켜먹자

씨켜라 : 시켜라

씸퉤ㅇ이 : 도치(씸퉹이)

ㅇ

아가빠리 : 입(속어)

아구 : 첫 입새, 입구(논에 물은 아구부터 댄다)

아구리 : 입구

아굴창 : 입 주변 (속어)

아께 : 벌써(아께 농궈 줬는데)

아께 : 아까

아끔에 : 조금전에

아다 마다 : 알구말구

아달메ㅇ이 : 속알맹이(아달멩이)

아락바락 : 아등바등(표준어)

아래께 : 얼마전에

아랫마실 : 아랫마을

아랫모텡이 : 아랫마을

아렛대 : 남쪽지방

아룻묵 : 아랫목

아르케 다오 : 가르쳐다오

아리아리 하다 : 몽롱하다(아리숑하다)

아무따나 : 누구던지

아무끼나 : 아무것이나

아무쩌ㅇ도 못써 : 아무데도 못써

아무케나 : 아무렇게나(아무따나)

아문데구 뭉개앉아 : 아무데나 물러앉아

아문데나 : 아무데나

아사무사 : 알쏭달쏭(알듯말듯)

아세 주다 : 섬겨주다, 거들어주다

아수와 : 아쉬워

아숩다(아수와) : 아쉽다, 아쉬워

아- 우 : 아시우(아십니까)

아이 김 : 초벌 김(모내기 끝내고 벌써 아이김을 맸다)

아이구 무지하게 뜨그운기 : 아이고 무척 뜨거운 게

아잡아 : 아울러, 한꺼번에(손발으 아잡아 묶었다)

아재 : 숙질(숙모)

안들 : 집사람(부엌은 안들이 일하는 곳)

안뵈케주고 : 안보여주고

안아주미 : 안아주며

안 재래 : 안 자란다, 모자란다

안죽두 : 아직도

안질베ㅇ이 : 얼음썰매

알구다 : 알리다

알굴라믄 : 알리려면(결혼한다고 알굴라믄 청첩으 해야지)

알끼다 : 알꺼다

알랑방구 : 애교(알랑방구 키지마라)

알랑쪼 : 겨우붙여 못쓰거나 고장나게 만든것(알랑쪼 시계)

알(川)루 : 내(川)루, 알(아리), 거랑물이 알(川)루 간다

알코주다 : 알려주다(가르쳐주다)

앗살하게 : 깔끔하게

앙크렇다 : 앙상하다

앞가름 : 앞가림

앞가름마 : 앞가르마

앞세가다 : 앞서가다

애달구다 : 애를 먹이다

애께 : 아껴(애께 먹어라)

애꾸지게 : 상관없이 괜하게(애꾸지게 할 필요가 없다)

애당초 : 처음부터

애말구다 : 애말리다

애바리 : 성실한 사람

애배 : 벙어리

애상이 나서 : 애가나서

애초 : 처음부터(태초)

앤뗄(內月) : 안쪽뙈기(앤뗄 밭) -향찰표기(안달:內月)

앵기다 : 안기다

야- 알았어요 : 네-알았어요

야들꺼 : 이 아이들 꺼

야마리 : 얌체(일하는 게 야마리 까지게 한다)

야마리까지게 : 염치없이 얄밉게

야매 : 뒷거래

야물딱지다 : 야무지다

야바구 : 야바위

야펜제ㅇ이 : 아편 중독자(야펜젱이)

약토ㅇ으 올린다 : 약을 올린다

얄구지다 : 얄궂다

얄긋해라 : 얄구져라

얌쉐ㅇ이 : 속임수(얌쉥이)

얌퉁머리(야마리) : 얌치

양것 : 마음것

양지기 : 양은그릇

양지달금 : 양지에 앉아 햇볕을 쬐는 일

어거지 : 억지(어거지 쓰지 말고 순리대로 해야지)

어그짱 : 어깃장

어깨쭉지 : 어깻죽지

어나- : 자- (어나- 이거나 먹어라)

어낭 : 낭떠러지(어낭에서 굴러 잔데ㅇ이를 다쳤짠쏘)

어능기 : 어느 것이

어덴지 : 어딘지

어두루 : 어디로

어둘루 : 어디로

어레이두 : 어렵게두(어레이두 해냈네)

어렵사리 : 힘들지 않게(어렵사리 일을 마쳤네)

어렵짜니 : 어렵지않고 쉽게

어리꼬깔 : 다른 것이 눈에 보임

어리꼬깔 : 콩꺼풀(어리꼬깔 씌어서 따라갔다)

어리대다(표준어) : 왔다갔다 어른거리다

어리무던하다 : 모나지 않고 둥글다

어리벙벙 : 어리둥절

어리베기 : 어려서 덜 약은 사람(그 사람 참 어리베기네)

어머ㅇ이야라! : 감탄사(어머나!)

어멍이야라! : 어머나!(어멍이야라 달부 어엽다)

어물뚝딱 : 얼렁뚱땅

어물쩡 : 어물쩍

어서드시우야 : 빨리 잡수세요

어서오시우야 : 어서 오세요

어수룩 : 어리숙(어수룩한 사람)

어신때 : 귀하고 없을 때

어신때 : 어려운 때

어여 가만 있어 : 그냥 가만히 있어

어여워라 : 어이 없어라(어여워 가지고)

어여워서 : 기가 막혀서

어엽다 : 어이없다. 엄청나서 기가 막히다

어우닥질 : 어울려하는 장난질(어우닥질하고 놀았다)

어저께 : 어제

어중쭝하다 : 어중간하다

어지빠르다 : 어중간 하다(기둥으로 쓰기는 어지빠르다)

어질구다 : 어지럽히다

어찌냑에 자그머ㅇ이가 돌아 가셨짱가 :
어제 저녁에 작은어머니가 돌아가셨어요

억실억실 : 큼직큼직(억시억실 하다)

억이 없게 : 어이없게

언간하믄 : 어지간하면

언나 : 어린아이(언나들이)

언들베기 : 언덕

언체서 놀다 : 얹혀 놀다

얼구리 : 얼굴(얼구리가 찌다한기 방꽁이 같애)

얼럭대 : 얼기설기 고이는 고임목

얼릉 오시우 : 빨리 오세요

얼릉 : 냉큼, 얼른

얼씬거리다 : 얼쩡거리다

얼찐하믄 : 툭하면, 얼씬하면

얼콰하다 : 얼큰하다

얼크네한거(얼콰한거) : 얼큰한 것

얼푼 타고가세 : 얼른 타고가세

얼푼 : 얼른

얼푼가져와 : 얼른가지고와

엄막절에 : 엉겹결에

엄막지경 : 운막지경(안개가 끼어 앞을 볼 수 없는 지경)

엉간하면 : 어지간하면

엉걸 : 누명(그일로 나는 엉걸 잡혔다)

엉구락 : 엄살

엉구렁 : 풀숲이 우거진 움푹 파인 곳

엉아리 벙벙하다 : 정신이 없다(갑자기 넘어져 엉아리 벙벙하다)

엉이새끼 : 어린자식

엉칸하믄 : 어지간하면

엉쿠렁 : 푹 빠진 구렁

엎어지다 : 열중하다(일에 엎어져 바쁘다)

에누리(표준어) : 가격을 깍는 것

에를 얼거매다 : 흙벽의 중깃을 엮어 매다

에우다 : 때우다(한끼 에우다)

엔간하믄 : 어지간하면

엔간 해야지 : 어지간해야지

엥가니 취하다 : 어지간히 취하다

엥게 붙다 : 엉기어 붙다

여간 내기 : 보통이 아닌 사람(그사람 여간내기가 아니야)

여간 해야지 : 어지간해야지

여레이 모예서 해야지 : 여럿이 모여 해야지

여레이 : 여럿이

여물 : 가마에끓인 소먹이

여버리 : 어리버리한 아이

여북하면 : 오죽하면(여북하면 그랬겠나)

여분데기 : 한쪽 귀퉁이

여적지(여저끈) : 여태것, 아직도(여적지 그것 밖에 못했나)

여태까지 : 지금까지

역부러 : 일부러

연거푸 : 연이어 계속

연신 : 계속해서

연짜새 : 연 얼개

열밤중 : 한밤중

영께ㅇ이 : 여우

영세 : 영서(대관령 넘어)

영세 사람 : 촌사람

예식 아들 : 여자 아이들

옌병 : 전염병(연병)

오갠가 : 오겠는가(할멍이가 또 오갠가)

오그러 들다 : 오그라들다

오그레 가지고 : 오그려가지고

오금페ㅇ이 : 무릎팍

오께요 : 올께요

오도방정; 오두방정

오랍뜰 : 집주변(오랍뜰에 채송화를 심었다)

오르내리미 : 올라갔다 내려왔다 하며

오리다 : 오려내다

오박난전 : 정리가 안돼 정신이 없음(단오장이 오박난전이다)

오부데ㅇ이 : 몽땅, 통째(새우를 오부뎅이로 가져왔다)

오부송하다 : 오붓하다(오부송하게 둘러앉아)

오붓하게(표준어) : 여럿이 다정하게

오죽 답답하믄 : 얼마나 답답하면

오줌 매루와 : 소변 마려워

오지랑물 : 고여 있는 물(초가지붕에서 떨어지는 물)

옥씨끼 : 옥수수

온 걸로 : 통째로

온 찌ㅇ약에 마커 모에서 떡추름하세 : 오늘 저녁에 모두모여 떡추렴하세

온-찌냑에 : 오늘 저녁에

올 쩌울게 : 올해 겨울에

올랑말랑 : 올듯말듯

올마아 하믄 : 올만하면

올망정 : 올지라도((나중에 올망정 밥은 먹고 와야지)

올쿠다 : 되 물리다(올코 오다)

온그짜리 : 손대지 않은 본시 모양대로

옹노 : 올무(멧돼지가 옹노에 걸렸다)

옹심이 : 새알크기로 동그랗게 뭉친 것

옹치 : 옹이

와롱기 : 탈곡기

왈기다 : 윽박지르다

왈밤 : (曰)자처럼 넓적하고 큰밤

왕-가(강-가) : 왔는가, 갔는가

왜서 : 왜

왼금 : 보지않고 외워서(왼금으로 계산을 잘한다)

왼금으로 : 준비한게 없이 머릿속으로

왼처 : 외딴곳(왼처에 집을 지었다)

욍기다 : 옮기다

요거 : 이것

요게다 놓자 : 여기다 놓자

요구뚜 : 요것도

요근만 먹아 : 요것만 먹어

요따구 : 이런 것도

요래더거 : 이러다가

요런 : 이런(요런 못쓸 것)

요번에 : 이번에

요-보다 : 여기보다

요-새(표준어) : 요즈음(요새 아들은 보릿고개를 잘 몰라)

요-서 : 여기서

요절내다 : 박살내다

욕싸바리 : 욕바가지

욜로 가믄 : 이리로 가면

용곡지 : 중고기(미꾸라지와 비슷한 작은 고기)

용하다 : 신기하게 뛰어나다

용하다 : 어리숙하다

우거리(우거지) : 김장통 위에 마무리로 덮는 배추 잎

우게 넣고 : 쑤셔 넣고

우게 넣다 : 꽉 꽉 눌려 넣다

우게ㅇ이 : 떡이나 김치의 웃덮개(우겡이)

우구레 가지고 : 구부려 가지고

우구레 : 쭈그려(우그러진 양지기)

우구려 넣고 : 쭈구려 넣고

우굴리다 : 쭈구리다

우기다 : 자기주장을 고집하다(너무 우기지마라)

우떠 그닷하우 : 어떻게 그럴수가 있소

우떠 그닷하나 : 어떻게 그럴수 있나

우떠하나 : 어떻게하나

우떠하다가 : 어떡하다가

우레기 : 우럭

우리찌리 : 우리끼리

우무룩하다 : 속내를 숨기고 모르는척하다

우물떡 거리다 : 우물주물하다(우물떡거리지 말고 차분하게해라)

우사리 : 우수리(뭉테기는 먼저 주고 우사리는 나중에)

우수개 소리(표준말) : 우끼는 소리

우수리(표준어) : 거슬러받거나 주다가 남은 것

우습잖게 : 우연히

우악다짐 : 우격다짐(무슨일을 우악다짐으로 하면 안되지)

우에더 : 위에다(가방으 선반 우에더 얹아)

우염하게 : 위험하게

우왁시루와 : 미련스러워(우왁스런 사람)

우임거리 : 웃음거리

우전하다 : 섭섭하다(하던일을 멈추니 우전하다)

우전하다 : 허전하다(손주들이 가고 없으니 우전하다)

우째다 : 어쩌다

우째다 보니 : 어쩌다 보니

우째문 : 어쩌면

우케 : 말린벼

운김에(표준어) : 기운이 넘칠 때

운매나 : 얼마나

운묵 : 윗목

운제 : 언제

운젠데 : 언젠데(환갑이 운젠데)

운짐에 : 여럿이 힘모아 휩쓸려

울궈먹다 : 우려먹다(한가지를 가지고 너무 울궈 먹는다)

울매나 : 얼마나

울맨큼 : 얼마만큼

울미불미 : 울며불며

울커덩 : 울컥

울-케(물케) : 휘덥지근 하다(날이 울킨다)

웃날 : 날씨(웃날이 좋아야 마데ㅇ이르 하는데)

웅굴 : 우물

웅치다 : 결리다(넘어져서 가슴이 웅쳤다)

웅케 잡다 : 움켜 쥐다

워데 :어디

원족(표준어) : 소풍

원체 : 본래(원래)

원체 : 본시(원체 생겨먹기를)

웬-기 : 웬일로 어쩐지

육실나게 : 별나게

으더 먹다 : 얻어 먹다

으레히(으레) : 당연히(으레 그렇게 하는 거지 뭐)

으레히 : 늘, 항상

으른 : 어른

으실으실하다 : 으슬으슬 (춥다)

으젱이 뜨젱이 : 별별 것 모두(으젱이뜨젱이 마커 모옜다)

으지바리 : 고름(근이 박힌 고름)

을씨녕 스럽다 : 을씨년 스럽다(차갑고 으스스해서 손대기 귀찮다)

음천하게 : 얌전하고 점잖게

음천하다 : 말이없고 얌전하다

응질 거리다 : 불평하다(응질거리지말고 일해라)

이걸루 : 이것으로

이게 : 이것이

이-기 말이야 : 이게 말이야

이-꺼지 : 이것 까지

이-내 : 그 이후로(끝내 소식이 끊겼다)

이누머 종재 : 요놈의 자식

이다지도 : 이렇게도

이따구로 : 이따위로

이래 가주구 : 이렇게해서

이런거는 : 이런것은

이력이 나서 : 경험이 많아서

이리-다와 : 이리다오

이마빠구 : 이마

이바구질 : 이야기 나누기(떠들기)

이뻐요 : 예뻐요

이스매 : 이음매(그네 다줄 이스매가 단단해야 한다)

이쏙이 없다 : 이득이 없다

이ㅇ악하다 : 영악하다

이아지 : 야지(평평하게 넓은 들로 된 산)

이영 : 이엉

이왕이믄 : 어차피 그럴바엔(이왕이믄 큰늠을 잡아야지요)

이지가지 : 이것저것

이쪼로 : 이쪽으로

이참에 : 이번 기회에

이파리 : 잎사귀

인나세(인나코) : 일어서, 일어나(모두 인나 세우다)

인나 세서 : 일어서서

인나코 : 일으켜(좀 인나코 다오)

인나쿠다 : 일어 세우다

인-내 : 이리 줘(돌려달라는 명령어)

인내 놔 : 이리 내놓아

인부곤부 : 돌아서서 바로

인재 오나 : 이제 오나

인제는 일으 씨기지 말구 푹쉐 : 이젠 일을 시키지 말고 푹쉬어

일구지낭설 : 심하게 흩어져 혼란함

일-단 : 우선("일단"은표준어이며 강릉사투리임)

일루 가거라 : 이리로 가거라

일일이 : 하나하나

일찌거니 : 일찍이(일찌거니 집으로 갔다)

임내 : 흉내

임-마 : 이놈아

입도 달싹 안한다 : 한마디 말도 없다

입 돋음 : 입에 오르내림

입새 : 입구, 어귀

잎 싸구 : 잎 파리

ㅈ

자거품 : 쥐가 내리다, 근육경련

자들다 : 두들기다(들깨르 자들어 털었다)

자딸다 : 얼마 되지 않다

자멱질 : 잠수놀이

자무락질 : 자멱질

자박세ㅇ이 : 머리채(그여자 자박세ㅇ이르 잡아챘지)

자베기(표준어) : 자박이(옹기 자베기)

자베기 : 등굴고 넓적한 것(떡 자베기, 잔디 자베기)

자베기 : 작은 오지그릇

자부동(일본어) : 사투리가아니다
(이까,쓰봉,우와끼,벤또,빤쓰,다마,하꼬,아까정끼,이루꾸,간따꾸등)

자불뜨리다 : 접지르다 (다리를 접지르다)

자빠지다 : 뒤로 넘어지다

자뻐지다 : 넘어지다

자셋소 : 드셨오

자슥들 : 자식들

자 시는 : 주무시는(아버지께서자신다)

자식네ㅇ이 : 자식농사(며느리가자식넹이를 잘해야지)

자싯물 : 설거지물(빈그릇은 자싯물에 담궈 둬라)

자우뚱하다 : 기우뚱하다(대문지둥이 자우뚱하게 찌울었다)

자우름 : 졸음

자우릅다 : 졸린다(자울음, 졸음)

자울다 : 졸다

자자하다 : 떠들썩하다(소문이 자자하다)

자징개 : 자전거

작데기 : 막대기

작떼기 : 막대기

작살내다 : 심하게 망가뜨리다

작은기나큰기나 : 작은 것이나 큰 것이나

잔데ㅇ이 : 허리

잔질구다 : 안정을 취하다(배가 아프면 좀 잔질궈야 돼)

잔차 보러 : 잔치 보러

잔차 : 잔치

잘기 빠졌다 : 자루가 빠졌다

잠투세ㅇ이 : 잠투정(잠투셍이)

잠패롱 : 잠을 설치다(지난밤 잠패롱을 했다)

잡소요 : 드세요

장개 : 장가(시집장가)

장게ㅇ이 : 정강이(장겡이)

장광(돌장광) : 돌이 널려있는 강가 둔치

장구다 : 잠그다(자물통을장구다)

장구키다 : 잠기다

장그택 : 항상 언제나 그렇다(그 사람은 그제나저제나 장그택이야)

장꺼리 : 시장바닥 또는 거리

장꺼리 : 시장에서 사올 장거리

장다지(내리다지) : 계속 이어져 길게(장다지, 내리다지, 가로다지)

장다지 문 : 벽 전체가 문으로 됨

장단지 : 종아리(등산으 좀했더니 장단지가 아프네)

장둥띠 : 허리띠(엄마들은 장둥띠를 매고 일했다)

장딴지(표준어) : 다리종아리

장뚜가리 : 된장 끓이는 질그릇

장배기 : 머리 정수리

장백이 : 머리 정수리

장베기 : 정수리

장제기 : 나무장작(참나무 장작)

장제ㅇ이 : 장년의 힘센 남자(장젱이들 여레이 날랐다)

재간 떤다 : 재주 부린다

재간 치다 : 저지레 치다

재갈 : 자갈(조약돌)

재구 있다 : 망설이고 있다(일을 시작하지 않고 재구있다)

재끼장 : 공책

재단이(맨제기) : 아무것도 할 줄 모르는 사람

재래우 모재래우 : 자라는지 모자라는지

재수바리 : 재수

재재하다 : 작으면서 잔잔하다(콩알이 재재하다)

재조가리 : 작은 쪼가리(재조가리나지 않게 크게 쪼개라)

재집 : 기와집

재차 : 다시 또 한번

재치 : 재티(재치가 날지 않게 살살 다녀라)

잭기장 : 공책

잭패질 : 장난질

잭페 : 망가뜨리고 부수며 장난하는 일(어릴 땐 잭페가 심했다)

잰전 : 잔돈

잰체ㅇ이 : 조그마한 것(잰쳉이)

쟈들다 : 두들기다

쟈셔야지 : 잡수셔야지(어서 자셔야지 애들이 먹지요)

저게서 : 저기서

저느마 : 저녀석

저느머 종재가 살매 들렸나 : 저 인간이 신 들렸나

저늠아 : 저-아이

저닷하나 : 저렇게 심하나

저드랑 : 겨드랑

저땀거 : 저런 것

저래 나두문 : 저렇게 나두면

저래믄 : 저러면

저리나세(난자) : 저리비켜

저-분 : 젓가락

저와ㅇ이 : 경황이(저와ㅇ이 없어 가지구)

저왕 : 경황

저왕이 없다 : 경황이없다(울매나 씨끄러운지 저왕이 없네)

저우 내 : 겨울내내

저지레 : 사고(저지레 치고 말았다)

저짜루 가야지 : 저쪽으로 가야지

저쪼 가서 : 저쪽에 가서

저쪼더 넬코 조야지 : 저쪽에다 내려 조야지

저테 : 곁에

적 : 전(부침개-감재적)

적거 봐야지 : 겪어 봐야지

적껏다 : 겪었다(아버지는 6.25를 적껏다)

적지적지 : 겹겹이

적짜니 : 꽤 많이

전다지 : 전부(전다지 알랑쪼야)

전데 내다 : 견디어 내다

절 : 젓가락(절이 있어야 반찬으 먹지)

절-구다 : 소금에 절이다

절루 물래 : 저리 비켜(아저씨 절루 물래우야)

절루 난자 : 저리비켜

절루 비캐 : 저리비켜

절리다 : 결리다(어깨가 절린다)

절박 : 결박

절복하다 : 묶다

점빵 : 가게, 상점

점상(접상) : 겸상

접때 : 지난번에

접방살이 : 셋방살이

접세기 : 접시(감재적 한접세기 울매요)

접쎄기 : 접시

접어치우다 : 집어치우다

접접이 : 겹겹이

접치다 : 겹치다

정끼 : 경끼(어린아이들이 고열로인한 경풍발작)

정내미 : 정나미(정내미 떨어지게 소리치네)

정랑 : 화장실

정제 : 부엌

젙에 두고 : 곁에 두고

제게 놓다 : 절여 놓다(소금에 절이다)

제게딛다 : 힘주어 꼭 딛다

제게서 : 절여서

제까닥 : 곧바로 즉각(무엇이든 씨키믄 제까닥 해낸다)

제나블에 : 제풀에

제리다 : 저리다(다리가 저리다)

제만큼 : 제각각

제망큼 : 제각기

제우다 : 조이다

제워(게우) : 겨우(제워 이겼다)

제적잔타 : 범상치 않다(하는 짓이 제적잖다)

제큼 : 제각기

제-큼 : 제만큼(각자)

제키다 : 제치다

젠노리 : 새참

져드랑 : 겨드랑

조갑지 : 조가비

조딴거 : 조런것

조떼기 : 종이

조-떼기 : 종이쪽지

조막데ㅇ이 : 주먹처럼 작다(조막뎅이마한 녀석이)

조맘때 : 저만 할때(나도 조맘때 잘 놀았다)

조자리나다 : 절단나다

조-쪼가리 : 종이쪼가리

족치다 : 캐묻다(도둑놈을 경찰관아저씨가 족치고 있다)

존주다(견주다) : 견조 본다(見潮峯-전조봉-존주봉-젠주봉)

존주다 : 조준해서 본다(고무줄 총으로 목표를 존준다)

존주봉 : 조준해서 보는 산 (견조봉-존주봉:젠주봉)

★★강릉의 안목은 견조봉(젠주봉)이 있어 젠주라고 한다

졸가리 : 가는 나뭇가지

졸기 : 졸가리 나무

좀 모재래 : 조금 모자라

좀상으 떤다 : 세세하게 신경쓴다

종다래끼 : 작은바구니

종잡지 못하고 : 중심잡지 못하고

종재기 : 작은 종지그릇

종제기 : 작은 종지 그릇

종지깨 : 족집게

종지발거린다 : 쉬지 않고 재잘 거린다

죄뜯다 : 쥐어 뜯다

죄석 : 끼니(죄석은 꼭먹고 다녀라)

죄석을 거르다 : 끼니를 건너뛰다

죄우다 : 조이다(나사를 죄우다)

죙일 : 종일

주데ㅇ이 : 입(주뎅이)

주럽 떤다 : 주접 떤다

주럽스럽다 : 형편이 어렵다

주렵을 떤다 : 깔끔하지 못하고 누를 끼친다

주레 : 버들피리

주레 틀다 : 주리 틀다

주루메기 : 스님이나 노인들이 등에 메고 다니는 큰 주머니

주머ㅇ이 : 주머니

주벅 : 주걱

주야장창 : 밤낮 없이(주야장천)

주절력 거린다 : 앞에 나서 설친다

주점부리 : 군것질

줄구다 : 줄이다

줄레줄레 따러 나서다 : 줄줄이따라 나서다

줄행랑 : 도망치다

중두메ㅇ이 : 도중에 그만둠(중두멩이)

중등멩이 치다 : 중간에 그만두다

중방 : 중간방

주ㅇ우 : 바지

줴 뜯으민서 : 쥐어 뜯으면서

줴뜯다 : 쥐어뜯다(잡아뜯다)

쥐방구리 : 아주 작은 것

쥐뿔도 아닌게 : 대단치도 않은 게

쥐키다 : 잡히다(쥐케 살지 말고)

즈들 끼리 : 저희들 끼리

증말 : 정말

증심 : 점심

증심으 채레주믄 : 점심을 차려주면

지가(지따구가) : 자기가(지따구가 뭔데 지랄이야)

지거린다 : 말한다(그 사람 잘 지거리네)

지까지끼 : 제까짓 것이

지깐늠이 : 제깐놈이

지깐에는 : 제 생각에는(제깐에는)

지-꺼 : 제것

지끼장가 : 제것이잖가(그게 지끼장가)

지난 저울게 : 지난 겨울에

지다리다 : 기다리다

지다리다가 : 기다리다가

지대다 : 기대다

지대로 : 저대로

지대서서 : 기대서서

지두르다 : 기다리다(지두르지 말고 먼저 가거라)

지두르더거 : 기다리다가

지둘레(지둘리다) : 기다려

지둥 : 기둥

지따구 : 너따위(지따구가 뭔데 잔소리질이야)

지랄예갑(지랄옌병) : 지랄육(예)갑 떤다

지랄예급 떠네 : 지랄육갑 하네

지렁 : 간장(국시가 싱거운데 지렁으 좀 너야 돼)

지레기(기럭지) : 길이(지레기를 재봐라)

지름 : 기름

지벌나게 : 지번-하게, 질퍽하게

지부렁 거리다 : 집적대다

지붕 말궁에 : 지붕 꼭대기에

지브렁 거리다 : 집적대다(옆짝이 자꾸만 지브렁 거린다)

지숙 거리다 : 기웃거리다

지시랑물 : 기스락물(자붕에서 떨어지는 물)

지시랑물 : 초가지붕에서 떨어지는 낙수

지실이들어 : 주눅이들어(지실이들어 못살겠다)

지실카리 : 산기슭 아래 부분(산 지실카리)

(굴밤이 산 지실카리에 소복하게 쌓였다)

지울다 : 기울다

지ㅇ이 : 김치

지즈바 : 계집아이

지질거리다 : 비가 계속 내려 질척거린다

지짐이 : 튀김 또는 부침개(이번 슬엔 지지미를 많이 해서 먹자)

지짜서 : 계속 쪼아대서

지치레기 : 쓰거나 먹고남은 부스러기

지푸까리 : 짚가리

지푸다하다 : 깊다

지푹떼기 : 지푸라기

지푼데(지프다한데) : 깊은데(깊다한데)

지프집 : 초가집

지프까리(콩까리) : 짚더미(콩더미)

지프집 : 초가집

지프집에 사는 할머ㅇ이 : 초가집에 사는 할머니

직방으로 : 곧바로(즉시)

진갈비 : 진눈깨비

진권히 : 정말, 솔직히

진눈깨비 : 눈과비가섞인비

진떼ㅇ이 : 알차고 좋은것

진력이나다 : 싫증나다

진-사 : 물기가 많은 모래진흙(흙벽을 바르는 진-모래흙)

진세ㅇ이 : 바보(진셍이)

진절머리 : 진저리

진-종일 : 온종일

진죽으 댄다 : 진땀을 뺀다

진-진해 : 긴긴해

진출맥을 대다 : 기진맥진하여 헤매다

진컬지다 : 물기가 많고 질퍽하다

진쿠렁 : 물과 진흙이 범벅이 된 곳

진흙베기 : 진흙 땅

질 : 길

질 : 모심기 끝내고 일꾼들과 단오때 함께하는 풍년연회

질거지 : 버르장머리(말으 잘 듣도록 질거지를 드레 놔야지)

질구다 : 길게 기르다(머리를 질구다)

질구다 : 적시어 들이다(질궈 들이다)

질궈 들이다 : 적시어들이다(질구다)

질금 : 엿기름

질금령 : 깜짝놀램(질금령으 했짠쏘)

질금령으 했다 : 기겁을 했다

질까더거 세우다 : 길가에다 세우다

질래가지 못한다 : 오래가지 못한다

질래 못한다 : 끝가지 못한다

질래 : 계속해서(질래하지도 못하면서)

질럭녹아 : 물처럼 힘없이 녹아(햇볕에 하드가 질럭 녹아버렸다)

질력이 난다(표준어) : 싫증이 난다

질바닥 : 길바닥

질쌈 : 길쌈

질질이 : 길길이(염소가 질질이 뛰고 있다)

질쯤하다 : 길쭉하다

질찌다 : 뒤처지다

질찐다 : 조금뒤쳐지거나 딸린다(쪼끔 질찐다)

짐 : 김

짐장 : 김장

집께 : 집가까이

짓 살머치다 : 휘돌아치다

짓 자들다 : 짓 두드리다

짓-따 지거레 댄다 : 실컷 떠들어 댄다

짓-살머치다 : 막돌아치다

징구다 : 지니다(잘징구구 댕게라)

징궈주다 : 지니게 하다(돈으 좀징궈 보내라)

징기고 다닌다 : 지니고 다닌다

징이 : 김치

짜개다 : 쪼개다

짜구 : 나무깍는 도구 또는 영양실조로 배가 부르는 병

짜구와 : 짜다

짜굽다 : 짜다

짜그락 거린다 : 언쟁한다

짜들다 : 크지 못하고 찌들다

짜들막하다 : 길이가 짧다

짜르다 : 자르다

짜리몽탁하다 : 뭉쳐놓은 듯 작다

짜불어 들다 : 힘이없어 주저앉다

짜우뚱 : 갸우뚱

짠징ㅇ이 : 김치

짬짬하다 : 만만하다

짱찌 : 장아치

짱찌 : 짱아치(간장,된장,고추장등에 염장한 것)

째개다 : 짜개다

째깝스럽다 : 가소롭다

째울뚱하다 : 기우뚱하다

째재하다 : 작다

짼죽하다 : 가늘다

쨍콩으로 맞추다 : 정확하게 맞추다

쨍콩으로 : 정확하게

쨔우뚱하다 : 갸우뚱하다

쪄안다 : 껴안다

쪼가리 : 조각

쪼가지고 : 주워가지고

쪼그마-한기 : 자그마한 것이

쪼꾸만하다 : 조그만하다

쪼끔만 : 조금만

쪼넹기다 : 해치우다(해넘기다)

쪼달리다 : 쪼들리다

쪼담다 : 주워 담다

쪼-디레 : 주워들여

쪼마-가지고 : 주워 모아 가지고

쪼막세ㅇ이 : 주먹만하게 작은 것

쪼-몰라믄 : 주서 모으려면

쪼무래기 : 조무래기

쪼물닥 거리다 : 만지작 거리다

쪼와서 : 주워와서

쪼자리 나다 : 망해 없어지다

쪼치와 : 집어치워

쪽끔 : 조금

쪽배기 : 쪽박

쪽짓개 : 족집개

쫄구다 : 졸이다(조청을 쫄구다)

쫄딱(표준어) : 남은게 없이

쫄로리 : 똑바로 줄지어 서서(쫄로리 줄을 맞춰 가거라)

쫄무레기 : 작은 아이들

쫌페ㅇ이 : 좀스런 사람(쫌펭이 처럼 살지 말고)

쫑곱치 : 소꿉장난

쬐끔 : 조금

쬑기다 : 쫓기다

쭈구렁살 : 주름살

쭈물대다 : 꾸물대다

쭉제ㅇ이 : 알맹이가 없는 빈껍질(쭉젱이)

쫄래 : 또래(쫄래쫄래 몰려 다닌다)

쫄루리(쫄로리) : 줄줄이

찌거대다 : 변명하다

찌고돈다 : 끼고돈다

찌구산다 : 끼고산다

찌끄레기(지치레기) : 쓰다가 남은 것

찌다마하다 : 기다랗다

찌다하다 : 길다

찌덕찌덕 : 그럭저럭(흔긴데 찌덕찌덕 쓰다 내삐려야지)

찌린내 : 오줌 냄새

찌뿌득하다 : 몸이 무겁다

찌뿌등하다 : 몸이 가볍지 않고 무겁다

찌울다 : 기울다

찌울뚱하다 : 한쪽으로 쏠려 비뚤다

찌웃거리다 : 기웃거리다

찌저 누르다 : 꽉꽉 누르다

찌프차 : 찝(jeep)차

찍구 : 뽀마드

찍꾹소리 : 끽소리(찍꾹소리말구 가마ㅇ이 있싸)

찍살나게 : 아주 힘들게

찍싸게 : 매우 힘들게(찍싸게 일했다)

찐덕풀 : 옷에 달라붙는 풀(도깨비 바늘)

찔떡 미끌다 : 질척한데서 맥없이 미끄러지다

찔루 : 찔레

찔루 까시 : 찔레나무 가시

찔쯤하다 : 길쭉하다

찔커진다 : 짓물러진다

찡게서(찡궈먹기) : 끼어서(끼워먹기)

찡구다 : 끼우다

찡궈먹기 : 사이에 끼워먹기

찡기다 : 끼이다(창틀에 손이찡게 가지구 고사ㅇ으 했아)

ㅊ

차구와 : 차갑다

차부에서 지다린다 : 터미널에서 기다린다

참나-원 : 어쩌면 그럴수가

참꽂 : 진달래

창지 : 창자

창짓머리 : 성질머리

채가 느리다 : 동작이 느리다
채국채국 쌓다 : 차곡차곡 쌓다
채달 : 황달
채키다 : 차이다
책을 돌레가미 보거라 : 책을 돌려가며 보거라
처내삐레 : 그냥 내버려둬
처내삐리다 : 그냥 내버려두다
처매다 : 붙여 감다(상처를 붕대로 처매다)
처무지다 : 치쌓다
천불이난다 : 속이터진다
천사-아두 꼭 닮았아 : 어쩌면 꼭 빼닮았어
철따구니 : (철:버릇)철딱서니
첨자구 : 첨지
첫 새복에 : 이른 새벽에
첫 입새 : 입구
청뚜루 : 넓은뜰 ,왜뚜루(작은뜰)
청-장을하다 : 초대를하다
체신머리없다 : 점잖지못하다(체신머리없게 행동한다)
체신머리 : 체통머리
초내다 : 추려내다
초주다 : 칭찬하다
총구가 좋다 : 기억이좋다

총기가 좋다 : 기억력이 좋다

최키다 : 입에 오르내리다(사람이 최키고 다니면 안되지)

최키지말고 : 욕되지 않게

추름새 : 먹기 모임(추름에 빠지는 자식은 낳지도 말래)

추워빠진데 우째라구 : 추위가 한창인데 어쩌려고

춤 : 침(춤으 함부로 뱉으면 안되지)

췌키다 : 욕먹다

취안하다 : 편히쉬거나 휴식을 취함(감기몸살은 취안을 해야한다)

치 : 키 (키(치)로 까불어 까오치를 버리고 알곡만 고른다

치대구 말한다 : 면전에다 말한다

치 떤지다 : 올려 던지다

치-뛴다 : 위쪽으로 뛰어간다

치송 : 접대(결혼식 손님 치송하느라 고상으했아)

치신 대다 : 치근대다

치신 머리 : 하는 꼴이나 행색(국회의원 치신머리 치고는...)

칠갑을 하다 : 온사방 처바르다

ㅋ

칼치기 : 자유형(수영)

캐캐묵다 : 오래되다

캥기다 : 두렵다

캥하다 : 힘이 없다(눈이 캥하다)

코꾸녕 : 콧구멍

코댕가리 : 코웃음거리(코댕가리 같은 소리하고 있네)

코딱지만하다 : 아주작다

코망네ㅇ이소리 : 비음

코쿨 : 방안을 밝히던 붙박이 굴등(관솔을 피워 밝혔음)

쾡새 : 증(징)

쿠사리 : 꾸중

쿠사리 : 꾸중, 야단(쿠사리 먹었다)

쿤내 : 구린내

크다마하다 : 커다랗다(키가 크다마한기)

큰질 : 큰길

큰대(자근대) : 큰댁(작은댁)

키빼기 : 키꼴

ㅌ

타개다 : 맷돌로 대충 갈다

타래밀다 : 고개를 숙이다

타러매다 : 힘없이 매달리다(목을 타러매고 기다린다)

태충맥이 끊어지다 : 힘이없어 느른해지다

택두없다 : 어림없다(만원으로는 택두없다)

택수가리 : 턱주가리

택수바리 : 턱수바리

택택하다 : 재산이 많다(그집 형제들은 마커 택택하게 잘산다)

터레기 : 털

통다지 : 통째로

통심이 : 통째로

통을 치다 : 헤아리다

되간다 : 튀어간다

되내다 : 횡재 맞다

되르냈네 : 횡재 했네,복받 았네(되냈네)

투발나다 : 감춰졌던 것이 드러나다

툭박하게 : 투박하게(두껍게)

툭탁하믄 : 툭하면

퉁수바리 : 핀잔 꾸중(퉁수바리맞다)

퉁탱가리 : 말도 안되는(퉁탱가리 같은 소리)

퉈전 : 놀음

트릿하다 : 정확하지않다

틀어백히다 : 들어 박히다(집에 틀어 백헤서)

틈바구니 : 틈새

티미하다 : 어리하고 희미하다

ㅍ

파대웃음 : 신나게 웃음(파대웃음이 터져 나왔다)

파뒹기다 : 파헤치다

파토 : 잘못된 판

팔랑개비 : 바람개비

팔매질 : 돌 던지기

패댕가리 : 팽개쳐 버리다

패랫다 : 야위다

팬히 보인다 : 앞이 훤히 잘 보인다

퍼데기 : 포대기

퍼드레기 : 펼쳐진 것

퍼석눈 : 함박 눈

퍼지르고 앉아 : 푹주저 앉아

퍼질러 앉다 : 눌러 앉다

펄럭거리다 : 드나들다(추운데 좀 펄럭거리지 마라)

펄레하게 : 자주(펄레하게 드나드네)

페토낸다 : 표를낸다(촌놈 페토 낸다)

펜펜하다 : 편편하다

펠치다 : 펼치다

편짭이 : 짝

포강(표준어) : 큰 연못(용수를 저장하는 저수지)

폭속았수 : 고생 많았오

표토낸다 : 표시낸다

푸장 : 천막

풍-덩 하다 : 넓고 헐렁하다

풍로 : 풍구

피레주다 : 나누어주다

ㅎ

하기사 : 하기야

하낙두 안되구 : 하나도 되지 않고

하두 끄랬싸서 : 자꾸그래서

하래비 : 할아버지

하루 죙일 : 하루종일

하머 저울기 다갔네 : 벌써 겨울이 다갔네

하머 : 벌써

하문 : 하면(어른이 뭐라 하문 잘 들어야지)

하민서 : 하면서

하빠리 : 저질(수준과 질이 떨어지는 사람)

하빠리 : 질이 낮거나 수준이 낮은것(하빠리 학교)

하이간 : 하여간

하이간에 우끼는사 람이야 : 하여간에 웃기는 사람이야

하이튼 거치장 거리야 : 아무튼 골치거리야

하이튼 간에 : 여하튼간에

한 글씩 : 한그릇씩

한끼 에우다 : 한끼를 대충 때우다

한 날은 : 하루는

한 개두 안부럽다 : 하나도 안부럽다

한껍에 : 한꺼번에

한끈 한다는 기 : 기껏 한다고 한것이

한나절 자빠졌다 왔잖소 : 점심때가 되도록 놀다가 왔어요

한나절(표준어) : 한낮이 되도록(반나절 : 한낮의 반)

한데서 : 밖에서(추운데서)

한물에 : 한꺼번에(한물에 몽땅 해치워)

한바꾸 : 한바퀴

한벗 했떠라믄 : 실수 했더라면(한번 잘못 했더라면)

한소데ㅇ이 : 한 소두벵이(한 소뎅이)

한 우임 : 큰 웃음거리(무척 웃기는 것-한우임 했짠쏘)

한 커리 : 한 켤레

할머ㅇ이 : 할머니(어머ㅇ이. 하르버ㅇ이)

해꼬지 : 피해를 주는일(해치지 말고 살자)

해-다 : 햇 아이(갓난아이)

해다르 끄낭꾸 댕기느라 말두모하게 고상ㅇ으했아 :
어린애를 안고 다니느라 무척 고생 했단다

해 대다 : 몰아치듯 퍼붓다(야단치다)

해던나(햇언나) : 갓난 아기

해뜩 새우다 : 꼬박 새우다(밤을 해뜩 새웠짠쏘)

해마두 : 해마다

해 볼라믄 : 해 보려면

해필이면 : 하필이면

핸-대로 : 한대로

햅쌀로 친신하다 : 맨처음 수확한 햅쌀로 밥을 지어먹다

했짠쏘(했짱가) : 했잖아요

행금내 : 흙 내음

행길 : 큰길(행길에 사람들이 게락이야)

행우가지 : 행위

행우머리 : 행위머리

허리꺽었다 : 정말우꼈다

허벙더벙 : 대충 덤벙거림

허애지다 : 소득이 하나도 없다

허우대(표준어) : 생김새-몸집모양(허우대가 멀쩡한 기))

허출하다 : 배가고프다

헐럭하다 : 헐렁하다

헝덩하다 : 휑하다

헤늉 : 흉내(헤늉을 내다)

헤딴데 : 허튼데

헤딴데로 : 엉뚱한데로

헤우름 : 헛울음(울지는 않고 울음소리만 내는 것)

헤탕치다 : 소득없는 헛일하다

헷끼야 : 헛일이야(아무리해봐야 헷끼야)

헷딴데 : 허튼데

혁대 : 허리띠

호랑 새복 : 이른새벽

호메ㅇ이 : 호미(호멩이)

호주머ㅇ이 : 바지속 주머니

호집히다 : 꼬집히다

혼내쿠다 : 혼내주다

혼저 : 혼자

홀딱벗다 : 발가벗다

홀키다 : 얽어매다

화딱지 : 화

화리 : 화로(화리에 불을 담아 놓았다)

화소 : 황소

황덕불 : 화톳불(큰 모닥불)

황데기 : 황덕불(모닥불)

횃댓보(표준어) : 횃대에 거는 보

회비키다 : 손톱에 할퀴다

훌기다 : 야단치다

훌럭궁이 : 건달

훙끼 : 겁(훙끼만 주고 때려주지 않았다)

훼베파다 : 후벼파다

훼비다 : 할퀴다

휘달구다 : 마구쫓아내다

휘삶어치다 : 휘돌아치다

휘대지말구 : 휘몰아 대지말구

휘덥찌그네한데 울키니 맥사가리가 없다 :

휘덥덥한데 습기가 차니 힘이빠지고 느른해진다

휘떡 : 얼른 후딱(휘떡 갔다가 와)

휘떡휘떡 : 빨리빨리

흑베리 : 공제에서 금산초입까지의 산자락끝을 남대천물이 감아돌며 만든 흙벼랑

흔디 : 부스럼

흙몽데ㅇ이 : 흙 투성이

희안하다(햔하다) : 이상하다. 희한하다

힌소리 : 허튼 소리

히까비까하다 : 화려하다(옷으 히까비까하게 입고 어디 가나)

히빈덕 거리다 : 쓸데없이 빈둥거리다

✶ 본 자료는 필자가 수백 년에 걸쳐 대를 이어 살아온 강릉 김씨 한림공(선연파)의 종손 집 손으로 강릉지역 곳곳에 살고 있는 집안 대소사의 어른들과 형제자매들로 부터 수년간 수집한 자료와 강릉 전통시장과 임계장터, 진부장터, 대화장터, 주문진 그리고 옥계장터 및 그곳 학교에 근무 하는 동안 수집한 자료이다 강릉 사투리의 권역은 신라시대의 명주군의 권역과 일치하므로 강원도 사투리가 아니라 강릉 사투리라하며 서쪽으로는 영월, 정선과 평창군 대화면까지이며 남쪽으로는 옥계, 북쪽으로는 주문진과 양양군 현남면의 인구까지이다 따라서 본인은 임계,진부,대화,옥계,주문진 지역사람들과 함께 하며 강릉의 사투리를 그대로 간직하며 사용하고 있는 구정면 출신 권필남(1951년생) 여사의 도움을 받은 자료임을 밝힌다

부록

저서 평설

[저서 평설]

'아리랑'의 개념 확정과 그 합리적 해법

- 김동철, 『한 민족의 얼 아리랑 그리고 사투리』의 당위성

엄 창 섭

(가톨릭관동대 명예교수, 김동명학회 회장)

1. 고정관념의 틀 깨기와 삶의 일상성

모름지기 「'아리랑'의 개념 확정과 그 합리적 해법- 김동철, 『한 민족의 얼 아리랑 그리고 사투리』의 당위성」이 심도 있게 논의되는 현재성에서 다소 인상 비평적이나, 그 나름으로 평자는 '예술에는 국경이 없지만 예술가에게 조국이 있음'을 자기변명처럼 역설하여 왔다. 일찍이 '언어를 기호론적인 관점에서 파악'한 스위스의 언어학자인 소쉬르가 "언어는 생명력을 지닌다." 라는 지적처럼 생명의 기표(記標)인 소통의 도구에 힘입어 따뜻한 감성에 의한 정신작업은 다양한 의미망(意味網) 또한 안겨주고 있다. 까닭에 오랜 날 각고(刻苦)의 고뇌 끝에 모처럼 김동철 시인이 묶어내는 『한 민족의 얼 아리랑 그리고 사투리』(성원인쇄문화사, 2019)는 놀랍게도 그 자신이 삶의 현장에서 체득한 일상적인 언어의 편린(片鱗)과 다양한 재료, 그리고 고증을 근거로 어휘의 연계성에 비춰 사고가능성(思考可能性)을 결부시킨 생산적인 결과물로 그 당위성을 지닌다.

또 하나 화자(persona)인 그 자신이 감정을 절제하며 객관적인 틀에서 평면적 구성의 작위로 빚어놓은 저작물의 편집구성은,「제1편 아리랑 : 1. 머리에서, 2. 자세히 살펴보면, 3. 맺으면서, 제2편 강릉사투리: 1. 강릉방언의 특징, 2. 강릉의 고을 명칭, 제3편 강릉사투리 사전」의 실제처럼 3개 단락의 짜 맞춤으로 비교적 오래된 성채(城砦)와 같이 견고한 편이다. 저서의 도입단계인「제1편 아리랑」에서 '제보자, 참고자료, 우리나라 3대 아리랑, 물길에 대한 순우리말 명칭, 사진으로 보기, 아리랑 시'는 그간의 '아리랑 해석의 왜곡(歪曲)을 바로잡은 정체성의 확장'에 기인(起因)한 새로운 개념의 몫이며, 지대한 언어학적 연구결과의 집산물이다.

일단 저자는 자서격(自序格)인「책을 내면서」에서 "아리랑은 삶의 터전이었던 강이나 바다와 관련이 있다고 보아야 한다. 따라서 나는 물이 흘러가는 물길의 명칭에서 아리랑을 찾기로 하였는데 고랑, 도랑이 바로 물길이었다. 그런데 강릉사투리에는 물길의 명칭이 아직 남아 있었다. 그것은 "거랑"과 "알"이었다. 더구나 다행스러운 것은 서울시에서 한강을 순 우리말 "아리수"

로 부르기로 하였다는 것이다. "아리랑"은 물이 많이 흘러가는 강줄기 즉, "강(江)"이라고 강력히 주장한다. 후학들이 이 책을 읽고 "아리랑"의 의미를 바르게 찾아 혼란스런 아리랑 설을 불식시켜 정리해 주기 바란다."라는 저자의 주장은 새삼 의미심장할뿐더러 그간의 문자적 해석이나 다양한 이론을 명백하고 확정적으로 결론지어, 다수의 독자들이 수용 할 불확실성을 매듭지어 어떠한 추론도 더 이상 제기됨이 없는, 마치 스토리텔링을 그 자신이 등장인물에 관해 서술하는 3인칭시점의 전지적 작가시점(omniscient-author narration)으로 사적 자료를 구체적으로 접목시킨 기술(記述)양식은 더없이 이채롭다.

그 어느 시간대보다 불행하게도 갈등과 대립의 이분법에 의해 절망의 끝이 보이지 않는 격랑의 한 시대에 비록 몸담을지라도, 이 땅의 우리는 저마다 '오늘도 살아 숨 쉴 수 있는 작은 일에 항상 감사하고, 감동하는 마음으로 신의 은총으로 허락된 삶을 충실하게 살아갈 일이다.' 차지에 평생을 교직에 투신하여 미래의 꿈인 제자들을 위하여 열정을 쏟아온 김동철 시인이, 이처럼 정년 후에도 향토문화에 대한 집념과 지대한 관심으로 고향언저리에 머무르면서 향토사의 정체성을 확장하며 예술을 통한 통섭(通涉)의 차원에서 장소의 정체성을 드러내는 중요한 상징적이며, '독립된 체계를 가진 언어의 분화체 또는 그 변종'인 지방어(方言)에 관한 깊은 연구는 그 의미와 가치가 지대하다.
한편 평자와 피가 뜨거웠던 젊은 날에 청송의 캠퍼스에서 맺어진 '사제 간의 질긴 인연의 끈'도 그렇지만, 무엇보다 현재성에서 자존감을 지닌 시인의 길을 걷는 도반(道伴)으로서, 이처럼 한민족의 정한(情恨)의 매듭인 "아리랑의 새로운 개념의 정체성에 관한 새로운 고증"을 통한 놀라운 집념의 역저(力著)는 지극히 생산적인 결과물로 새삼 입증되기에 저자와 함께 크게 기뻐하며 따뜻한 격려를 보낸다.

2. 존재감의 당위성과 추론의 합리적 해법

그 어느 시간대보다 대립과 갈등의 이분법(二分法)으로 치닫는 현재적 정황에서 그 자신의 시편들에 수용된 의식은 비교적 다채로운 양상(樣相)을 지니는 경향이지만 가시적인 모든 현상은 본질적으로 언어학적인 검증의 통로를 걸쳐 문화의 융 복합적 현상에서 그 추이(推移)는 점차 폭넓고도 심층적인 연구로 이행되는 편이다. 그 같은 관점에서 비록 한 사람의 진정한 지성인이나 지역의 리더를 자처하지 않더라도 최소한 문화의 지역구심주의를 맞아 미적 주권의 확립은 물론, 모국어(one's mother tongue)로 생명외경의 존재감을 회복하고, 시대적 소임을 엄숙하게 수행하여야 한다. 까닭에 저자 자신이 "아리랑"이란 무엇일까? 라는 〈글머리〉에서 "하지만 분명한 것이 있다. 그것은 "아리랑"을 고증할 수 있는 말과 그 자체가 현존해 있다는 사실이다. 즉 현재 사용하지만 사라지기 직전에 있는 언어 중에 강(가람)을 "거랑"과 "알(아리)"이라 하고 있다. 언어는 지역성과 시대성의 변화에 민감하기 때문에 새로 쓰여 지는 신종어도 있고 슬며시 사라지는 말(언어)도 있다. 사라지기 직전에 있는 말이 바로 "아리랑"이다. 이를 실증할 수 있는 언어가 현존해 있다는 사실이다. 그러면 무엇을 우리조상들은 "아리랑"이라 했을까? 분명히 강조해서 주장한다면 바로 큰 강을 "아리랑"이라 했다고 할 수 있다. 또 하나 여기서 "현존해 있는 언어를 살펴보면 강원도 정선의 "아오라지"에서 "아오"는 아우르다(합쳐지다)의 명사형이며 두 개의 내(川)가 합쳐진다는 의미이고 "라"는 모여 있다는 의미이며, "지"는 못(池)이라는 의미이다. 일단, 저자의 주장대로 현존해 있는 언어로 '이랑, 고랑, 도랑'은 지금도 통용되고 있지만, 도랑보다 큰 "거랑"은 사라지기 직전의 언어이며, "알"은 강릉사투리에 그 흔적이 있다. 알(川)과 아래(下)의 두 가지 의미를 담고 있음 또한 주지할 바다."

그리고 남대천을 강릉지역에서는 "알(아리)"이라고 하여 도랑물, 거랑물이 "알"로 간다고 하였다 따라서 저자는 언어학적 측면에서 "화랑"이나 "사랑"처럼 어간이나 낱말의 뒤에 접미사 "랑"을 붙여 불완전명사를 완전명사형으로 바꾸듯 "아리"에 접미사 "랑"을 붙여 탄생된 말이 완전명사형 "아리랑"이 아닐까 라는 부언을 하고 있다

각론하고 그간 "아리랑"에 관한 지극히 보편화된 문자적 해석이라면, "아리(我理)"의 뜻이 고대 한국어에서 '고운, 곱다'로 쓰인 흔적을 현대어(아리다운=아리+다운)에서 찾아볼 수 있고, 또

몽고에서는 현재도 “고운” “곱다”의 뜻으로 사용되고 있다.

앞서 양주동은 국어학적으로 〈아리랑〉은 지명(地名)으로 ‘아리령(嶺)’을 뜻하며, 이때 '아리'는 밝음, 광명의 뜻으로 북방에서 한반도로 이주한 우리조상들이 높은 산을 넘어오면서 세상이 환하게 내려다보이는 고개를 아리령으로 일컬음을 고증한 바 있다. 한편 아리는 원래 크거나 신성한 것을 가리키는 말로 몽골어에서는 ‘깨끗하다, 성스럽다’란 뜻으로 통용된다. 이밖에도 각 분야에서 많은 “아리랑 설”을 발표하고 있다 하지만 저자가 각별히 제기한 이론의 관점은 ‘아리’는 고대 하천을 이르는 말이며 '한'과도 같은 뜻이다.(한강의 원래 이름이 아리수이다) '한(韓)'은 한민족, 한반도, 환국(桓國) 등을 상징하는 말이다. 이 한(韓)은 환(桓)에서 왔으며, 우리문명의 출발인 환국에서부터 운명의 동질성을 지닌 9천년 이상된 어휘로 ‘하늘, 밝음, 빛, 하나, 크다 등’으로 해석된다. 아울러 랑(郞)'은 환웅천황께서 동방문명 개척을 위해 태백산으로 오실 때 거느리고 온 핵랑군(核郞軍)을 의미하거나 삼국통일의 원동력이 된 화랑(花郞)을 의미한다는 설에 견주어 보다 보편적임은 주지할 바다. 이 같은 시각에서 따뜻한 감성의 소유자인 김동철 시인이 일관되게 역설하고 있듯이 “즉 물이 흘러가는 물길을 살펴보면 ”고랑, 도랑, 거랑(마을 앞 실개천, 개울), 알(閼)-강보다 작은 내, -아리수(漢江)가 쓰이고 있으며, 이를 통해 “아리(閼)-아리랑(큰 강)-아라(바다)”를 깊이 있게 살펴보아야 한다.”는 논의처럼 그 의미망은 확장시켜 볼 점이다. 근간에 정착된 '아라 뱃길'의 '아라'는 〈아리랑〉의 가사인 '아라리요'를 차용한 것으로 공론화되는 일반론에 비춰 '아라'가 우리의 순수한 '생명의 본원(本源)'인 '바다(海)'의 옛말이라는 점은 새삼 유념하여 스키마(schema)로 기억흔적에 담아두고 검색할 바다.

또 저자의 지론을 체계적으로 뒷받침할 수 있음은 "수렵생활 당시 "아리랑"은 우리조상들의 삶의 터전이며 고향이었다. "아리랑" 노래 가락에는 당시 고향(아리랑)에 대한 삶의 그리움과 애환이 넘쳐흐르고 있기 때문이다. (그 같은 구체적 실재가) 강릉의 "알"은 남대천이라 부르며 강릉의 모래내, 사월(사알)은 사천(沙川)이라 부르며 북강릉의 사알천은 상월천, 하알천은 하월천으로 부르고 있다. 우리나라 3대 아리랑인 정선 아리랑(동강), 진도 아리랑(형산강), 밀양 아리랑(낙동강) 모두가 큰 강을 따라 전해 오고 있다는 사실은 이 같은 예증을 뒷받침하고 있다."

3. 지혜로운 삶의 잠언과 문화인식의 확장

어디까지나 치열한 삶의 격랑에서 부딪치며 살아가는 지식·정보화 사회에서, 비록 유한적인 존재일지라도 진정 문화인식의 확장을 위해서는 간접체험인 독서가 요청된다. 비록 우리에게 쓰고 남은 시간이 허락되지 않더라도 어려운 사회현상에서 냉정함을 지녀야 하고, 때로는 분망한 삶에서 한 걸음 물러나 조금은 여유로움으로 일의 전말을 총체적으로 관망하여야 한다.

서로 간의 믿음과 진정한 감사에 잇닿은 결과 또한 하버드 의과대학 보고서인 '테레사 효과(Teresa effect)'와도 비중 있게 견주어지기에 새삼 유념할 일이다. 까닭에 탯줄을 묻은 그 자신의 향리에 대한 깊은 자의식이 새삼 입증되어지듯 현재와 잇닿은 미래를 보다 가늠할 수 없는 불안한 우리네의 현실적 삶에서도 「제3편 강릉사투리 사전」의 정리에 앞서 〈새로 맹근 질〉을 포함한 4편의 시편을 통하여 그나마 존재의 이유를 구명하고 고뇌의 인자(因子)를 해명하려는 「강릉 사투리 시」야말로 충직한 독자들에게 신선한 충격으로 하나의 즐거움이며 어디까지나 관심대상으로, 일상의 서정성을 회복시켜줄 의미망의 확장임에 틀림이 없다. 모름지기 따뜻한 감성의 소유자인 시인은 진정 모국어로 불멸의 시혼을 형상화하여야 한다. 짐짓 '날아가는 새도 지나치게 생각하는데 열중하면 추락하는 것'처럼 한 사람의 정신작업의 종사자일지라도 균형과 배려에 의한 관망과 자기성찰이 때로는 타당성을 지닌다. 새삼 목적전도현상을 거론하지 않더라도 일관된 삶의 목적 아래 최소한 자신의 의지를 표출하되 합리성을 지니고 한층 진솔한 즉물 현상을 서정시의 절제미로 균형 있게 짜 맞춰야 한다. 분망한 삶의 일상에서 "등강을 너머 서면 우추리가 있고 거겐 아재가 산다/호레ㅇ이가 댕기던 숭악한 산골이다/수푸렁이 망코 짐승이 수타게 살았다/우추리 아주머ㅇ이들이 장제기 팔러 댕기던 질이다(새로 맹근 질)" 과 "꽃도 보고 새소리 들으며/아리랑에 뭉개 앉아 발도 씻고/이쁜 조약돌 쥒서 공기놀이 하다 갈 걸/날이 저물면 낼 가믄되지//바쁘면 어제 갈 걸(낼 가세)"에서 물씬 그 친밀함이 전율처럼 절감되듯 암담한 현재성에 따뜻한 정감이 문득문득 묻어나는 그의 시적 작위(作爲) 이 같은 삶이 녹아내린 지역성에 잇닿아 가뜩이나 푸른 식물성 언어로 변형되기에, 시적 감응이 경이롭게도 영혼의 울림으로 전도되어진다.이와 같이 투박한 시적 질감으로 그 자신의 "봄바람에/화들짝 놀랜/너의 퍼포먼스//뻥튀기가 낭그에 앉아/쌀 튀밥을 터트리고/질 가엔 광밥이 게락이다//봄을 낳고 있다(벚꽃 축제)"나 "단오장에/여레이 모예 앉아 지거리는 말투가/우리 할머ㅇ이 소리 같아//귀를 기우리니/니따구들은 눈치르 보미/촌시럽게 즐거워한다/가차이 다가가서/말 장구르 치니/코 끝퉹이가 찡해지미/가슴이 메워진다(강릉사투리 대회)"를 통해서 시어의 다의성과 언어의 특이성을 점화시킨 시적 기법을 유념할 정황이나 치밀한 응시에 의한 친밀한 정서의 변주는, 단순한 상황의 모사(模寫)나 재현이 아닌 이미지의 형상화로 친근한 향토애를 한층 가중시켜주고 있다. 이처럼 하나의 특수어인 방언에 새삼 깊은 관심을 삶의 일체로 수락하고, 혼돈의 시대를 의미 있게 살아가는 창조적 영혼은 보다 생명적인 작업이지만, 깊은 사유의 통로를 걸친 그만의 일관성을 지닌 정신적 행위는 계절의 끝자락에서 소포클레스가 "그대가 헛되이 보낸 오늘은, 앞서간 그들이 그토록 살고 싶어 소망하던 내일이다."라는 뼈아픈 자성은 유념할 바다.

결론적으로 「제3편 강릉사투리 사전」 정리는 강인한 인내심을 가지고 끈질기게 도전한 실험정신도 언어학자로서의 몫이지만, 평자 또한 탯줄을 묻은 낮은 산자락에서 언어공해의 심각성을 조심스럽게 경계하면서 “날(刃) 푸른 도끼에 찍히면서도 향나무는 향을 뿜어내는 이치로” 진정한 정신작업의 종사자들이 그 품격을 지켜낼 것을 일관되게 호소한 일상이었다. 비록 아직은 모든 것이 불확실한 시간대지만 미래에 관한 추이(推移)는 활력이 넘쳐나는 생명감으로 성스런 영성을 지니고, 생명의 씨앗을 파종하는 농부의 보폭으로 ‘슬로 라이프적인 삶을 향유할 바다. 모쪼록 지극선(至極善)을 실천궁행하되 빛나는 이 땅의 정신문화유산을 후대들에게 물려주려고 ‘자유로운 바람의 영혼을 지닌 김동철 시인의 강인한 집념과 엄숙한 시대적 소임을 수행’하는 그 지극한 관심사를 다시금 기대할 따름이다.

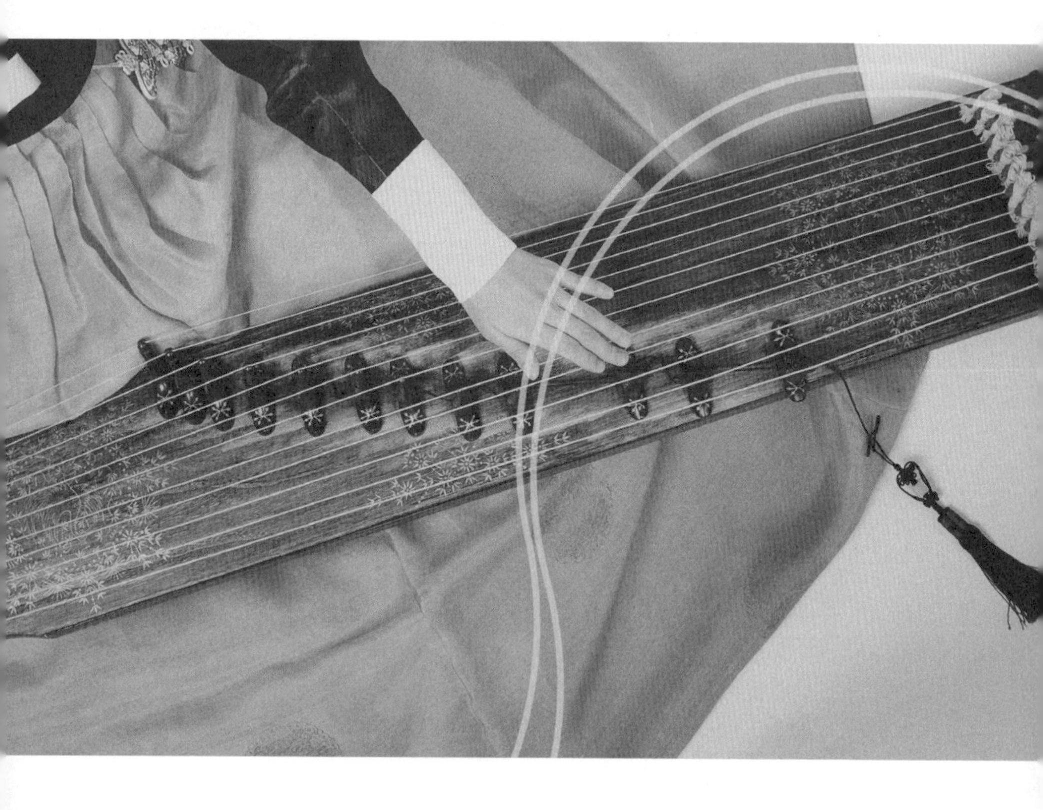

한민족의 **얼**

아리랑 그리고 사투리

초판 1쇄 인쇄일 : 2019년 10월 31일
초판 1쇄 발행일 : 2019년 11월 1일

지 은 이 : 김 동 철
전화 010-5373-1919 / 이메일 kim_dch@hanmail.net

펴 낸 이 : 홍 명 수
편집디자인 : 최 영 준

펴 낸 곳 : 성원인쇄문화사
주 소 : 강원도 강릉시 성덕포남로 188
대표전화 (033)652-6375 / 팩스 (033)651-1228
이 메 일 : 6526375@naver.com
I S B N : 978-89-94907-76-5

정 가 : 10,000원